特別の支援を必要とする子どもの理解

勝浦眞仁 編
Katsuura Mahito

● 共に育つ保育を目指して

ナカニシヤ出版

はじめに：本書の目指すところ
―特別の支援を必要とする子どもと共に育つ私たち―

勝浦　眞仁

　本書は，教職課程コアカリキュラムの「特別の支援を必要とする幼児（児童及び生徒）の理解」と，保育士養成課程の「障害児保育」のカリキュラムに対応した内容となっています。保育者養成校のテキストとして活用されることを念頭に置き，保育者養成校の学生・教員を主な読み手・学び手と想定し，作成しました。加えて，最新の情報や考えも述べていますので，保育者の研修にも活用できます。特別の支援を必要とする子どもについて興味・関心のある方であれば，支援児だけでなく私たちも「共に育つ」という，人と人とが生活する上での原点に立ち返る契機になるのではないかと，編者としては期待しています。

　読者のみなさんが学びやすくなる工夫として，①事前課題の設定，②図・表・写真等の多様な活用，③示唆に富んだ事例，の3点が挙げられます。まず，事前課題を設定することで，その章や節で何を学ぶのか，そのねらいを明確にしました。学生のみなさんの場合は，講義の予習がしやすくなるとともに，演習形式の授業であれば，内容に関する発表（10～15分程度）を行えるなど，主体的な学びができるようにしました。この主体的な学びを支えるために，図・表・写真等を多用することで，みなさんにイメージがわきやすくなるようにしました。さらに，保育や施設現場の先生や支援員，保護者・きょうだいなどの家族の方々らによる，示唆に富んだ事例を様々に紹介しています。可能であれば事例をみなさんで読み合わせて，感想や疑問などを意見交換し，特別の支援を必要とする子どもたちの保育について複眼的に学びを深められることができれば，幸甚に存じます。

　なお，障害の表記については，「障碍」・「障がい」・「しょうがい」など，賛否両論分かれるところであるため，各執筆者の意向に合わせることとしました。統一はしておりませんので，ご了承ください。また，障害の診断基準の最新のものとして，アメリカ精神医学会のDSM-5を活用しました。今後，ICD-10が11に更新されるなどありましたら，その内容を踏まえていく必要があります。

　本書の内容は，障害の理念や変遷，障害児およびその他の特別な配慮を必要とする子どもの理解・援助方法・家庭支援・個別の支援計画の作成・関係機関との連携など多岐にわたります。そこでまずは，保育の場で特別の支援を必要としている子どもたちがどのように過ごしているのか，「共に育つ」ということの実際を，序章のエピソードを通して考えてみることにしましょう。

目　次

はじめに：本書の目指すところ—特別の支援を必要とする子どもと共に育つ私たち　　i

序　章　「小春日和」—「私」と「私たち」が紡ぐ暮らし—　　　　　1
 1　心通わせ・分かち合い・お互い様な暮らし　1
 2　アオくんは青いお空が好きやでアオなの—共に育ち合う保育—　5

第1章　特別の支援を必要とする子どもとは—理解と援助—　　　17
 1　障害の概念　18
 2　視覚・聴覚障害の理解と援助　22
  ［1］視覚障害とは　22
  ［2］聴覚障害とは　24
 3　肢体不自由の理解と援助　28
 4　知的障害の理解と援助　31
 5　言語障害の理解と援助　34
 6　発達障害の理解と援助　37
 7　病弱（重症心身障害）の子ども・医療的ケアを必要とする子どもの理解と援助　43
  ［1］病弱（重症心身障害）を抱える子ども　43
  ［2］医療的ケアを必要とする子ども　45
 8　配慮を必要とする子どもⅠ（気になる子ども）　50
 9　配慮を必要とする子どもⅡ（母国語・家庭環境）　52

第2章　共に育つ保育・教育のかたち
—インクルージョンの観点から—　　　57
 1　障害児保育の歴史的変遷—分離保育・統合保育—　58
 2　障害児保育の現状　65
 3　ソーシャル・インクルージョンとは何か　69

第3章　共に育つ保育・教育のための支援計画　　　75
 1　個別の支援計画Ⅰ—個別の教育支援計画—　76
 2　個別の支援計画Ⅱ—個別の指導計画—　82
 3　児童発達支援センターの役割・連携　86

第4章　障害のある子どもと共に育つ保護者・きょうだい
―家族支援の大切さ― ……………………………………… 95
    1　保護者支援　96
    2　きょうだい支援　102

第5章　障害のある子どもの育ちを支えるシステム ………………… 109
    1　乳幼児健康診査・就学時健康診断　110
    2　小学校との接続　117

第6章　特別の支援を必要とする子どもを巡る課題 ………………… 123
    1　特別支援教育からインクルーシブ教育へ
      ―障害者権利条約からの流れ―　124
    2　NPO・学童保育　130

終章　「共に育つ」礎になること ……………………………………… 137
    事例　ダイちゃんの心になったる　139
    あとがき　142

索　引　143

◎参考

本書で学んでいく上で，確認しておきたいサイト・文献を以下に示します。

保育所保育指針（平成29年告示）
https://www.mhlw.go.jp/file/06-Seisakujouhou-11900000-Koyoukintoujidoukateikyoku/0000160000.pdf
幼稚園教育要領（平成29年告示）
www.mext.go.jp/component/a_menu/education/micro_detail/__icsFiles/afieldfile/2018/04/24/1384661_3_2.pdf
幼保連携型認定こども園教育・保育要領（平成29年告示）
http://www8.cao.go.jp/shoushi/kodomoen/pdf/kokujibun.pdf
児童福祉法（平成30年4月施行）
http://elaws.e-gov.go.jp/search/elawsSearch/elaws_search/lsg0500/detail?lawId=322AC0000000164_20180401_429AC0000000052&openerCode=1
障害者総合支援法（平成25年4月施行）
https://www.mhlw.go.jp/seisakunitsuite/bunya/hukushi_kaigo/shougaishahukushi/sougoushien/dl/sougoushien-02.pdf
障害者権利条約（平成26年1月批准）
https://www.mofa.go.jp/mofaj/fp/hr_ha/page22_000899.html
障害者基本法（平成28年4月施行）
http://www8.cao.go.jp/shougai/suishin/kihonhou/s45-84.html
障害者差別解消法（平成28年4月施行）
http://www8.cao.go.jp/shougai/suishin/law_h25-65.html
DSM-5 精神疾患の診断・統計マニュアル（アメリカ精神医学会（編））(2014)．高橋三郎・大野裕監訳　医学書院）

側注にある文献は，引用または参考にしたものです。発展的学修の一助として，ご活用ください。

序章 「小春日和」
―「私」と「私たち」が紡ぐ暮らし―

ひきえ子ども園　和仁　正子

　社会福祉法人蓮華会　幼保連携型ひきえ子ども園（以下本園）は，岐阜市の南西部にあります。市街地にありながらも，周辺は田んぼが広がり，晴れた日には伊吹山の稜線が見え，のどかな雰囲気が漂っています。

　認定こども園教育・保育要領の教育及び保育の基本には『乳幼児期の教育及び保育は，子どもの健全な心身の発達を図りつつ生涯にわたる人格形成の基礎を培う重要なものであり（中略），乳幼児期全体を通して，その特性及び保護者や地域の実態を踏まえ，環境を通して行うものである（後略）』と，述べられています。

　生涯にわたる人格形成の基礎を培う育ちとは，子どもが自己肯定感を高め，人への信頼感を深めながら生き抜いていこうとする育ちであると私たちは考えています。

　そこで，園目標を『彩色採光』（さいしょくさいこう）と掲げ，子どもも保護者も保育者も，一人ひとりが自分のもつ色を輝かせ，そして，それぞれの色と色が幾重にも重なり合って放たれる色の面白さ・彩りの美しさに，心を踊らせる暮らしを紡いでいきたいと願っています。

　これから紹介する事例（エピソード）は，支援を必要とする子どもと園で共に過ごす子どもたち，その背景にいる保護者，そして保育者とが紡いでいる暮らしを描いたものです。本園では，保育者と看護師・養護教諭・園長（以下筆者）が集い，エピソードを共に読み解き・語り合いながら，幼児理解を深め，保育の営みの面白さ・しんどさ・いきがいを分かち合っています。支援を必要とする子どもの保育について，私たちの日常的なやりとりをお示しすることにします。

　なお事例に出てくる子どもたちの保護者の方々には，事例および写真掲載の許可を得ています。またプライバシーを保護する観点から，子どもたちや保護者，保育者の名前はすべて仮名としています。また支援を必要とする子どもの名前はカタカナで記し，その周囲の子どもの名前はひらがなで示しています。

1．心通わせ・分かち合い・お互い様な暮らし

　支援を必要とする子どもたちの保育について語り合う中で，「心通い合う」「分かち合う」「お互い様」という言葉がよく飛び交うことに気づきました。保育を営むにあたり，この3つがキーワードとなり，私たちの保育を支えています。それぞれについてエピソードを基に考えてみましょう。

（1） 心通い合う

　6月上旬に，園舎西側にある田んぼで田植えをしたときのことです。
　始めは恐る恐る田んぼに足を踏み入れた子どもたちですが，田の土の柔らかさと温もりに，心が解き放たれ，無心に土に浸って遊びだしました。感覚が過敏で泥の感触が苦手なケイさんは，クラスの子どもたちの躍動感に惹かれ，ついつい田んぼに入ってしまいました。ぬるっとした感触にぞっとして，あわてて康子先生の背中に飛び乗り，畦道に退散しました。
　後日，田植えの写真を保育室に掲示しました。すると，ケイさんは，その写真に吹き出しをつけコメントを描きました。まるでカエルのように跳ねる子どもたちの写真には「おもしろ〜い」「さくちゃん　どろんこなったよ」，慎重な面持ちで苗を植える姿に「ゆり　たんぼうえたよ」。

　そして，おんぶして退散する自分の写真には「ダメだ〜」。畦道で康子先生にすっぽりと抱かれている写真には「ここなら　あったかいよ」とコメントを寄せました。
　「ここなら　あったかいよ」の文字から，あわてて退散したときのケイの鼓動はとても早く，深く抱き寄せるうちに，少しずつ呼吸が整い，息が合ってきたころには，すっかり身体を預け重たくなったことを，康子先生は改めて思い起こし，愛しさが増したそうです。
　『お互いの鼓動を感じ心の通い合ったあったかい暮らしを紡いでいこうよ』というケイさんからのメッセージが，私たちの心に響きました。

（2） 分かち合う

　久しぶりに晴れた日。ルイさんは，お気に入りの三輪車に乗って遊んでいました。ぬかるんだ土にハンドルを取られ，思うように進まないこともまた面白いようで，足に力を込めてペダルを踏んだり，三輪車から降りて後ろから押してみたりと，前へ前へと動かそうとしていました。
　入園当初は，園のざわざわとした環境になじめず，耳に手をあてていることが多かったのですが，今はその手で必死に三輪車のハンドルを握っていることがうれしくてたまりません。
　ほどよい汗をかき充実感があったはずなのですが，保育室に戻って机に座るや否や，ルイさんは激しく泣き出しました。担任の涼子先生は，何事かと驚きつつ抱き上げました。ルイさんは身体を反り返らせ，左右に大きく振り，足をばたつかせて泣いていたために，涼子先生はさらに深く懐に抱き寄せました。どうして泣いてい

るのか，周りを見渡しても皆目見当がつきません。子どもたちもあまりの激しさに立ちつくしています。涼子先生の腕の中でもがいていましたが，次第に泣き声が小さくなり身体の力が抜け，涼子先生に全身を預けるようになった時，陽だまりのテラスへ移動し腰を下ろしました。

涼子先生は「分からへんで，こんなことしかできなくて，ごめんね」とルイさんの身体を強く引き寄せ背中をさすっていました。そこへゆうさんが駆け寄ってきて「ルイちゃん涙ふいて。僕ね，ルイちゃんの涙ふくためにハンカチ持ってきたんだよ」と差し出しました。みきさんが「私のも使って」，もえさんらも「うちのも」「はいどうぞ」とポケットから取り出しました。たちまち涼子先生の膝の上にハンカチの山ができました。えいたさんが「俺のはレンジャーやから強くなれるよ」とのせると，ハンカチがパラパラと崩れました。その様を見て，ルイさんが声を上げて笑いました。ルイさんの笑い声に，みんなの顔もほころび笑いました。

ルイさんの思いを分かってあげられないもどかしさに，「分からへんで…ごめんね」とつぶやく涼子先生の素直さに，筆者は心が打たれました。慈愛に満ちた二人の光景が，周りの子どもたちを引き寄せ，そこに笑いの渦が生まれたのでしょう。

一方で「こんなことしか…」と，もやもやした思いを涼子先生が感じていることが気にかかり，保育者間でこのエピソードを話題としました。涼子先生は，保護者を通して渡された医療機関からの資料に書かれている診断名や，検査結果の所見に述べられている視覚優位・生活スキルなどの文言に，何か障がいを軽減するための特別な支援をしなければという思いにかりたてられたようです。その思いには，他の保育者も共感し，保育と療育は違うのだろうかと疑問が投げかけられました。

障がいについての学びに自信が持てない不安に対し，障がいの特性を知ることはもちろん必要なことではあると思います。実際ルイさんは，音に過敏な一面があり，このときも，ヘリコプターが園の上空を回旋していたため泣きだしたのではと思われます。特性を知り未然に防ぐ環境的な配慮をすることは大切な支援であると思います。が，一方で，特性から子どもを見ることは，その子のありのままの思いを見落とし，行為を障がいゆえの行為と捉えてしまうのではないかという意見も出されました。涼子先生は「ヘリコプターの音と思うと，余計に切なくなる…」とつぶやきました。筆者はこのつぶやきこそが大切だと思っています。不安に怯えるルイさんのために，私にできることはないかと心砕く思いこそがルイさんとの信頼感を築いていくと考えます。

人が育つ営みに変わりがあるわけではなく，ルイさんの心が溶け身体がほぐれていく機微に触れ，肌を通して思いを分かち合う営みこそ最良の支援であり，私たちが至福の喜びを感じる時でもあります。

かけがえのない「私」と，かけがえのない「私たち」が，共に暮らしを紡いでいこうとするからこそ起こりうる，思いが分からなかったり，ぶつかったり，すれ違ったり，思いがけないところで意気投合したりする互いの心の動きに寄り添い，

心を尽くしていきたいと話し合いが深まりました。

また、「分からへんで…」という思いがあるからこそ、相手の思いを推し量り想像を巡らせ暮らしを創っていこうとするので、よりしなやかなつながりが育まれると思えます。

次の日、ルイさんのお母さんが「先生ありがとう。親の私でも分からへんことばっかりやのに、うちの子が先生に甘えているのを見て、皆が駆け寄ってくれているのを見て、なんか変な言い方だけど『**分からなくても　分かち合えることがあるんやなぁ**』って思えたの」。この言葉に、私たちは背中を押してもらいました。

それにしても、なぜ泣くのかではなく、「ルイちゃんの涙をふくために」と、**泣いている今に、寄り添う子どもたちの心眼に脱帽です。子どもに学び丁寧に暮らしを紡いでいくことを心がけたいものです。**

（3）　お互い様

運動会も終わり秋風が爽やかに感じられるようになった頃。5歳児のまゆさんは、このところよくエリさんの歩調に合わせて歩き、時折にっこり見つめ合い寄り添って過ごしています。

エリさんは、散歩名人です。名人と言われる由縁は、一度通った道は忘れないこと、私たちの気づかない穴場を見つける天才だからです。グランドの脇の排水溝で、ヤゴがトンボに羽化する瞬間に出会えたのもエリさんのおかげです。エリさんは、お話はしませんが、水辺が大好きなことと、散歩の途中立ち止まって後ろを振り向く姿から私たちを待っていてくれることが伝わります。

「エリちゃんと仲良しね」と、まゆさんにさりげなく声をかけると、「うん。エリちゃんといると『**心がまぁるくなるの**』」と微笑みました。どうやら一輪車に乗れずその波に乗り遅れ、まゆさん自身が自分にもどかしさを抱いていることが、筆者に伝わってきました。そのモヤモヤ感が、エリさんの心赴くままに歩く自然体に包まれ、心がまるくなるのでしょう。エリさんに寄り添いながら、自分の心を休め自分に向き合い力を蓄えたまゆさんは、もくもくと一輪車の練習に励むようになりました。以前のような、早く友だちに追いつきたいというような思いではなく、ひたむきに自分に挑んでいるかのようです。

ともすると、私たち保育者や大人、クラスの子どもたちが、いかにエリさんを支え育てるのかに目を向けがちですが、決してそうではなく、あきらかにまゆさんの背中を押したのはエリさんであり、**お互いが支え合い育て育てられていることを実感します。**

子どもや保護者と心を通わせ、思いを分かち合い、お互い様と微笑み合う暮らしを紡いでいきたいと考えています。

２．アオくんは青いお空が好きやでアオなの―共に育ち合う保育―

１で述べてきた方針のもと，本園で２年間在籍してきたアオさん（５歳）のエピソードを紹介します。

次年度の入園募集が始まった７月に，ご両親と一緒にアオさんは本園を尋ねてくれました。園に入るや否や砂場に直行。ずっと前から砂場で遊んでいたかのような光景に，私たちは，園での生活が無理なく始められることを感じ取りました。むしろ，ご両親の方が，医療機関の診断書や検査結果を握りしめ，緊張と不安を抱え身構えているようでした。そんなご両親の緊張をほぐしたのも砂場で遊んでいた子どもたちでした。その時の気持ちをお母さんが連絡帳に記してくれました。

> いくつかの園から入園を断られた私たちは，藁をもつかむ気持ちで，子ども園を尋ねました。人や場所にこだわりが強く，家族以外にはなかなかなじめない我が子がすっと自分から園舎に入り，はだしのまま砂場へ直行。突然やってきた我が子に別段驚くこともなく，「こんにちは　お名前は？」息子に変わって「アオです。よろしく」と応えると，「今日から来たの。大丈夫。レストランとかなんでも教えてあげるね。」と，ごく自然に受け入れてくれ，そして砂場遊びが続けられて行くことに，親の私が目を見張りました。すっと肩の力が抜けていくのを感じました。以来息子は一度も園に行くのを嫌がったことはありません。
> それは，きっと，先生のどんな子も大切に思う気持ちがそのまま子どもたちにも伝わっていて，子どもたちの心が温かく育っているからですね。
> 何かが出来るということよりも，子どもも親も自然体で過ごせる毎日が大切なのだなぁと，しみじみ感じることが出来ました。

アオさんと子どもたちとのエピソードから，子どもと保育者と保護者とが共に育ち合う保育について考えていきます。

（１）　はじめに―白黒つけたい，こうくんの天敵アオさん

園庭のコンビネーション遊具のブランコから「もう　アオくんばっかりズルイ」「アオくん　嫌いや」と，４歳児こうさんの激しい声が聞こえてきました。私たちには，その状況を見ていなくともありありと光景が目に映ります。

こうさんのイライラなどお構いなしに，アオさんは，涼しい顔をしてブランコに乗っています。あまりにも執拗に訴えるこうさんを気にかけ，アオさんと同じクラスの５歳児のさらさんが，「こうちゃん大丈夫やよ。アオくんね，満足したら変わってくれるから。大丈夫」と声をかけました。そして，アオさんにも「こうちゃんもブランコ好きなんやて。アオくんと一緒だね」と伝えていました。諭すわけでも，仕切るわけでもなく，二人の気持ちをすっぽり受け入れるさらさんの気持ちが二人を動かしたようです。次の日，ブランコを変わり合う姿がありました。

恨めしそうな顔をしながらも待つアオさんがいじらしく，自制しようとするアオ

「かわって　ズルい」　　　「・・・・・・」

さんの育ちを実感します。
　ごく自然にアオさんやアオさんと過ごす子どもたちの心持ちの変容をこのエピソードを含めて7つのエピソードからたどってみたいと思います。

（2）「アオくん，なんでしゃべらんの？」

　4月から4歳児クラスに入園したアオ（4歳7か月）。くりくりの目とぽちゃぽちゃボディが魅力的で，5歳児のそうがいつも「アオ君，かわいい」とほっぺを触る気持ちがよくわかる。入園してから3か月，園の生活の流れもよく分かって，お気に入りの遊びに浸りながら過ごしている。
〈エピソード〉
　先日，おやつを食べているアオの姿を見て，けんが「アオ君，何でしゃべらんの？」と尋ねた。私は「みんなの話していることはわかっているし，そのうち話すと思うよ」と伝えた。その日の帰り，けんときらは，アオの母親にも「アオ君なんでしゃべらんの？」と尋ねていた。"もしかして，お母さんショックを受けたかな"と思いながら，私はアオと遊んでいたが，母親がさらりと応えている様子に，そんなに心配することもないかなと感じた。二人にとって，アオのことを知ろうとする一歩であると思えた。
〈考察〉
　アオと同じテーブルで給食を食べていたこうきが「ソウケイくん？！」と言った。5歳児クラスに在籍する中国人の子どもとアオを重ねるこうきの姿に，自分とは何か違うと感覚的に感じ取っているように思えた。何より，3か月たっても名前を覚えていないことに淋しさを覚えたが，こうきの率直な感じであり，これもまた，アオへの第一歩と思える。
　りおは，トランポリンをするアオの手をつないで一緒に跳ぼうとする。しかし，一人で跳びたいアオに押されてなかなか一緒に跳ばせてもらえないが，「アオくん　やろう」とかかわるきっかけを探っている感じである。そして，クラスは違うけれど，そうは，おやつの際にアオの隣にきて，アオの個包装のお菓子を手に取り「アオ君，あけれないかな」とそっと開けてくれる。さらに，アオのおせんべいが割れていることに気づいて「アオ君の割れてるから，変えてあげようか」と声を掛けてくれる。そんな優しいそうのことを，アオも受け入れていて，23キロあるアオを抱っこしようとする，そうに対してにこにこしている。こうしてアオの理解者が増えるといいなあと思う。改めてアオと私の距離感の重要性を感じている。アオと近くにいすぎては，アオが要求する前に何でもしてあげてしまったり，先導しすぎてしまったりする。アオとの距離を縮めたり，広げたり，試行していくことが，アオの力を知ることにもなるし，周りの子どもたちがアオを知ることにもつながる。私もほどよい距離感を探りながら，アオのよきパートナーになっていきたい。

　子どもたち一人ひとりが『見る』『感じる』ということから，アオさんとのかかわりをもっていることを保育者があたたかく見つめ，それぞれのかかわりの始めの一歩を大切にしている姿に共感します。そして，何より，子どもたちの『見る』『感じる』は，アオさんを見るだけではなく，アオさんと私（保育者）を見ている

ことに心を砕いていることが素晴らしいと思います。保育者がアオさんを愛おしく思い，アオさんと心を通わせた暮らしを紡いでいこうと，アオさんの興味のあることを探り楽しむために試行錯誤している様子や，保育者の思いもさらけ出しながら過ごす過程をひっくるめて，子どもが『感じとる』ことに努めている点を，周りの保育者も学んでいます。

（3）「アオくんがぎゅうっとしてくれた」

　夏から秋に変わりつつあり，子どもたちの遊びも変わってきている。プールが終わり，アオは心地よさそうにブランコに揺られている。最近では，喉が渇くとアオの方から「お茶飲む」と私を探し誘いに来てくれるようになり，「飲んでこよっか」ということが増えてきた。アオは，大好きな水遊びは終わってしまったが，ブランコに揺られながら，周りの空気を感じている。ブランコを一人で乗っているように見えて，きっとそこから周りを見ているのだろうと感じるこの頃である。
〈エピソード〉
　7月後半ごろより，他児を押すことが増えた。よく押される子を見ていると，3歳児のあい・はやと・ゆう，同じクラスのるい・はな・れい・ららと小柄な子が多かった。アオの思いは，分からなかったが，今まで，あまり人に対してかかわっていくことがなかったので，自分から人にかかわろうとするスタートなのかなと思った。しかし，身体の大きなアオに押されると，小柄な子は倒されてしまう。アオのことを怖いと思ったり，押す嫌な子というイメージがついたりしても嫌だなあと思っていた。アオから近づいていくことが多いが，相手を邪魔に思っているようには見えない。「アオ君，押さないよ」と伝えると，私の表情や声の調子から，"やばい"と感じるのか顔が曇り，眉間にしわを寄せ，「ごめんなさい」と言う。私も，相手の子に「ごめんね」と声を掛け，アオの手を取り相手の子をハグするようにして「好き好きだね」と言って，アオのイメージが悪くならないようにした。かかわりたいと思っているかは分からなかったが，そうだろうという私の願いも込めて，「好き好き」と，ハグしたり，頭をなぜたりした。何度も続くと相手の子も警戒してアオが近づくだけで，よけるような場面も何回もあった。アオにくどくどいうことはせず，「好き好き」とやり取りを楽しんだ。
　9月のプール納めが終わる頃には，押す姿がなくなってきた。時々，ぎゅっとすることはあるが，かかわり方が変わってきていると思う。けんが，「アオ君が，ぎゅうっとしてくれた」と私の所にやってきた。戸惑いがあったようではあるが，プラスに感じているようだった。**クラスの子の存在は，アオにとっては，その他大勢という印象から変わっていく過程なのかなと思う。**無償の愛で受け止めてくれるそうには，通りすがりにそうが「アオくん，かわいい」とほっぺを触ると，アオの方から手を伸ばして，"抱っこしてほしい"とアピールをする姿が見られ，とても驚いた。かかわりのスタートは，そうからの一方的であっても，相手の優しいかかわりに少しずつ思いが通じていくのだなあと，そうの姿を見て学んだ。給食で，アオが牛乳にストローをさせないと私に，「牛乳」と言ってやって欲しいことを頼む。最近では，アオから他の子に頼むことはないが，さらやきら，はやとが「やったろっか」と察してすっとやってくれている。
　先日，スープに入っているジャガイモをあまり食べないアオに「アオ君，ジャガイモだよ。お芋いつも食べているじゃん」と，話していると，近くにいたまなが「豆腐だとおもっているんじゃない。アオ君，豆腐嫌いやで」と教えてくれた。「そっかあ，アオ君，これジャガイモだよ」と小さくくずし食べやすくすると全部食べた。給食の時に，近くによく座っているまなは，私とアオのやり取りをみていて，アオは豆腐が嫌いなこともよく分かっていて，それを教えてくれたのだった。**アオの思いをくみ取ろうとする子どもたちが，少しずつ増えてくること**が何より嬉しい。

〈考察〉
　好きなブランコをしているからと見守っているだけでは，アオとの信頼関係は築けない。でも，かかわりを持とうとばかりしているからと言って，関係ができるわけでもないし，一緒にいる時間が長いからよいわけでもない。**アオにとって心地よいかかわりであることが，人に気持ちを向けていくのだと，そうに対するアオの姿を見て感じた。これが人と人のかかわりにおいて大事なことであると。**アオのもっている穏やかな雰囲気は，周りの子を惹きつけるところがある。しょうは，給食でアオの隣に座り「やったー，アオ君の隣だ」と言う。よく押されていたれいだが，「アオ君かわいい」と，自分よりはるかに大きなアオのことを言っている。**アオの醸し出す雰囲気は，クラスの子から大事にされていくに違いないと思う。アオとの距離感，言葉かけなど，私のアオに対するかかわりが大切だと思っているので気にかけていくようにしたい。**
　園での様子は，マイナスに見えることでも母親に伝えて育ちを共感できるようにと思っているので，他児を押すことも伝えていた。母親は，アオが家でも妹（2歳）を押すことがあって，気にかけていて，アオには，「どいて」など言葉で思いを伝えるようにしているとのことだった。私には，かかわりたい思いはあるけど，どうしてよいか分からないというか，自分の世界が広がり，自分の世界の中に家族や身近な大人だけでなく周りの子にも親しみをもち始めているようにも思えた。1歳の子が，人にかかわる初めの頃には，力加減も，どんなふうに触ってよいかも分からず押すような場面と似ていると思っていた。そのため，ずっと続くのではなく，**人とのかかわり初めであり，アオの育ちだと思って，**母親に話しているが，「いつも肯定的にとらえてくれてありがとうございます」という言葉があり，切ない気持ちになった。せっかくのアオの育ちもそう思ってもらえない。それには，支援が必要な子をもつ家族の今までの苦労がたくさん詰まっているのだろうと思った。きっと生きていく中には，色々大小様々な壁があるのだろうが，せめて子ども園だけはそのような思いにならないように，母親が安心していられるように，アオの居場所があることを伝えていくようにしたいと思った。

　保育者が，アオさんが周りの子どもたちを押すという行為に着目するのではなく，行為の背景にあるアオさんの思いに視点をあてて，アオさんや周りの子どもたちとかかわりをもっている姿勢に共感します。また，保育者が「アオ君　押さないよ」と声をかけていますが，この言葉はアオさんへというよりも，周りの子どもたちへの配慮であると思えます。突然押されてびっくりした思いを保育者が受け止めてくれているからこそ，周りの子どもたちは，自分たちもアオさんと同じように大切にされていることを実感し，「好き　好き」を受け入れられるのだと思います。アオさんがクラスの子どもたちや周りの子どもたちを，その他大勢から『ぼくときみ』というように感じとるようになったと同じく，クラスの子どもたちも『見る』かかわりから『触れる』『察する』かかわりにかわってきたと思えます。芽生えたアオさんの人への思いと，アオさんが醸し出す雰囲気がクラスの子のやさしさを引き出し，子どもたちのアオさんへの思いを深くしていくために，改めて自分のあり様を問う保育者と共に，筆者もアオさんと子どもたちとの暮らしを紡いでいきたいと思います。

　また，「いつも肯定的にとらえてくれていて……」という母親の言葉の裏側にある「いつも手数をかけて申し訳ない……」というお母さんの思いを汲み取る保育者の感性に筆者の心も揺さぶられました。ともすると，保護者支援という言葉のもと，保育者が保護者を導こうとする傾向が見られがちですが，私たちは，螺旋階段

を登るがごとく一喜一憂揺れ動く保護者の思いに寄り添い，下支えできるような関係を築いていきたいと願っています。

（4）「アオくん　泣いているよ」

〈エピソード〉
　12月8日。アオは，ブランコに乗ったり，コンビネーション遊具で遊んだりして過ごしていた。ストライダーもおそるおそるやってみる姿があった。私は，"ブランコしてるなあ""遊具の上に登っているなあ"とアオの居場所と表情を確認しながら，砂場でこう・たく・はやと・まなと船づくりのイメージから広がった水族館ごっこにどっぷり浸っていた。すると，ららが私のところに来て「泉先生，アオ君，泉先生が近くにいないから，さみしくて泣いているよ」と呼びに来た。「ほんと～」とアオのところに行くと，アオは，ブランコの前で立って悲しそうに泣きながら，涙をぬぐっていた。ブランコから，落ちた感じでもないが，何で泣いているかは分からず，「アオくん，どうしたの？」と声を掛けたり，抱き寄せたりするが，涙を流している。その横で，ららが「アオくん，どうしたの？」「泉先生が，おらんかったで悲しかったの？」とあれこれ探りながら，自分より大きなアオの頭を優しく何度も撫でてくれていた。イスに座りアオを抱っこした。アオはすんなり抱かれることを受け入れるわけではなかったが，深く抱っこしてゆらゆらしていると，落ち着いていった。

〈考察〉
　ブランコのところで泣いているアオの姿は今回で2回目だった。1回目の時も，誰かが呼びに来てくれ，その時も原因は分からなかった。そして，今回もアオの泣いている理由は分かってあげられなかったけど，アオのことを周りのみんなが見てくれていることがとても自然で，かかわり方も優しいことは，クラスの子どもたちの育ちとしてとても嬉しい姿である。日常のアオと私のかかわりをよく見ているららの言葉も私には嬉しかった。しかし，遊びの場を広げているアオに対して直接的にアオの好きな遊びでかかわることが少なかったなあと反省した。どういう状況でアオが涙を流したのか，今後もそんな場面があれば，状況を見ながらアオの思いを探っていくようにしたい。やらせたいことをガンガン誘ってもやらないことはわかっているので，適度にかかわろうと思ってはいたのだが，この頃，落ち着いて過ごしているアオなので少し安心していた私。直接かかわりをもつことがあまりにも少なかった。アオの居場所を遠目で確認しているだけでは，アオとの関係が深まらない。私の思いとしては，安全面でもそれほど危険なことも少なくなってきているし，何かあれば，近くにいる先生に伝えるようにもなってきているので安心していた面もあり，アオとの信頼関係もできてきていると思っている私の驕りでもあった。
　ららが言うように"さみしい"というような思いで泣いたのであれば，アオの情緒が豊かになり，**悲しいことや嬉しいことなど気持ちが豊かになってきていると捉えられ，アオの育ちとしてそんなに嬉しいことはない**。家庭では，大好きなお父さんが仕事にいかないように靴を隠したり，「お父さん，どこ～？」と探したりするような場面があるらしい。そんな話を聞くと園では，まだまだ関係を深めていかなくてはと思うが，**家族との関係を基盤に，私がそんな相手になっていきたいと思う。**
　以前，アオによく押されていたらら，るい，はなは，いつのまにか「アオ君，好き」と言っている。しかし，けんは，「アオくん好き！」という皆に対して，首を横に振る。けんのことをよく押すことがあった時"アオが自分のことを，嫌いだから押すんだ"という思いを口にしていたので，そんなに簡単に好きという気持ちにはなれないのだろう。それでも，給食で横に座ると「あけたろっか」と牛乳パックが開けられないことを察して，やってくれる。無理に自分の思いに蓋をする必要はないので，日常のかかわりや私がアオを大事にしていくことにより，アオへの思いの変化にもなっていくと思う。

　保育者は，アオさんが泣く要因が掴めないことに対して，アオとの信頼関係もで

きていると思っている私の驕りであると省みていますが，この謙虚な姿勢に感動します。アオさんの姿を，アオさんと私（保育者）との関係性の中で捉え，常に自分自身を省みながら保育を紡いでいく姿勢が窺えます。だからこそ，二人をいつも見ているららさんは「泉先生がそばにいないからさみしいの。悲しかった？」とアオさんの心模様に思いを向けたのではないでしょうか。かいがいしく頭を撫でるその姿に，涵養につながりが深まっていることを実感し，園全体も和やかな雰囲気に包まれます。そして，アオさんの心の中にも，大好きな遊びに浸って遊んでいる中，ふと，人が恋しくなる，大好きな人と一緒にいたいという思いが芽生えたのだと思えます。

　また，保育者は，直接的にかかわることが少なかったなあと反省していますが，筆者は，保育者が，クラスの子どもたちの遊びの動線を考慮しながら，お互いが見渡せる線上に，アオさんが好きな遊び・子どもたちが興味を抱きそうな遊びを整えていることを知っています。こうした配慮があってこその涵養なつながりであると思います。

（5）　2回目の運動会

　1年生になったそうさんが，夏休みに大好きなアオさんに会いに来てくれました。アオさんはもちろんのこと，周りの子どもたちも大喜び。そうさんは，ちょっと照れながら颯爽と高さ60センチの竹馬に乗り始めました。

　この日の午睡から起きたアオさんは，泉先生の手を引っ張り「たけうま　のる　たけうま　のる」と，竹馬の所に連れて行きました。そうさんが乗っていた竹馬に乗ろうと踏み台に登りました。泉先生は，30キロのアオさんの身体を支え「イチ・ニ」「イチ・ニ」と一歩ずつ進みました。この日以来「たけうま　のる」と，手の空いている保育者たちに声をかけ，アオさんの修行が始まりました。この力が運動会で発揮できるといいなあとみんなが考えました。

　昨年はあいにく雨となり，急遽小学校の体育館で運動会を開催することになりました。初めての場所，大勢の人，加えてアナウンスや音楽が反響し，アオさんにとっては，大騒音のなかでの運動会となりました。保育者よりも保育者らしいお父さんと信頼する泉先生との連携のもと，入場行進曲のリズムにのり，跳ねるように入場したり，クラスの子どもたちのところにいたり，何となく並んでいたりと，アオさんなりに参加をしていました。泉先生は，アオさんが「あー」と不安な気持ちを表しながらも，運動会の間そこで過ごせたことで十分だったのではないかと思えたようです。そう思わせてくれたのは，お父さんとお母さんのにこやかで柔らかいかかわりであったそうです。運動会後に立ち寄ったお店の駐車場で，アオさんが手を叩いて踊っていたらし

「たけうま　のる」

く，おじいちゃんが「今かっ」と突っ込みをいれたようです。それを微笑ましく話す保護者のもとで育つアオさんは幸せだなぁと思いました。

さて，2回目の運動会。

〈エピソード〉

アオにとっては2回目の運動会。アオがどのように参加していくとよいのか色々考えた。リレーをしていく中では，チームを決めて「アオ君は，どのチームに入る？」と尋ねると，子どもたちが「いいよ　僕のチーム」「アオくん　赤が好きやで赤チームは？」と自分のチームにアオのことを受け入れてくれる。アオが入ると自分のチームが遅くなってしまうから入れたくないという思いではなく，"アオ君を入れてあげたい"という感じであった。毎回，タイミングのよいところで入れてもらい，私がアオを引っ張るように走った。どんな形であれ，子どもたちはアオの参加を受け入れてくれる安心感があった。そんな中，アオをみんなと同じようにやらせてあげたいという私の思いと，子どもたちに勝ちたい気持ちや負けて悔しい気持ちを味わってもらうために，走りこんでいくようにしたいという思いが交叉し，色々葛藤しながらリレーをしていった。やっていくうちに，私が引っ張って走っていてもアオは楽しい感じでもなく引っ張られているだけで，これは今のアオにとって良いことなのだろうかと思い始めた。「アオくんはどうすると楽しいのかなぁ」と私がつぶやくと，れいが「アオくん　いっつも赤のバトン持ってるよ」「うちらに渡してくれるもんね」とさらに言葉をつなげた。子どもたちがとてもよくアオを見ていることに驚き，バトン渡しをアオの役割とした。私の気持ちも軽くなった。

そして，当日。アオは見事にプレゼンターの役割を果たしてくれた。リレーも接戦で，負けたチームの子どもたちが，「もう一回勝負したい」「やりたい」コール。子どもたちの気持ちを受け入れ，もう一度対戦。私のなかで，役割が終わったと思っているアオにもう一度プレゼンターが務まるだろうかという思いがよぎった。が，そんな私の心配をよそに，アオは堂々とスターターにバトンを渡した。その時のどや顔が忘れられない。

〈考察〉

形から入っていくのではなく，その子に応じた参加の形を模索していくことができるのが，本園の良さでもある。初めて参加した3歳のようすけの母，"運動会の日に，リレーの「もう1回」があるなんて"とびっくりして感心してみえた。子どもの思いを読み取り，感じ取りながらその時の保育を考えていくことが本園にいると普通のことであるが，子どものその時々を感じ取れるそんな保育者でありたいと改めて思う。そして，私の揺れる思いを受け入れてくれた子どもたちに感謝である。

アオは，運動会の翌日から始まるミニ運動会でも遠くから見ていたり，場面場面で参加していたりしている。

「キラキラ」（竹太鼓）では，バチで叩くリズムが合うようになり，イキイキ・ノリノリで叩いている。

周りの子と過ごす中で色々なことを吸収していることが分かる。

これも，運動会後のミニ運動会を楽しんでいるからこそ見えてくる姿であり，本園らしさでもある。

プレゼンターの役割を果たしたアオさんのどや顔は，筆者の脳裏にもしっかり焼き付いています。それと，運動会終了後の職員会での，5歳児担任である泉先生の挨拶もしっかり心に刻まれています。それは，アオさんが自分のもつ力を発揮でき

たこと，体重が重くなかなか竹登りのコツをつかめなかったこうさんがあきらめずに取り組み登りきったこと，「きらがおったで乗れた」と仲間を支えに自分に挑んだけんさんなど，一人ひとりの育ちは，運動会の取り組みの中で培われたものではなく，0歳児から，終始一貫して『**子どもの思いに寄り添い，一人ひとりの持ち味を引き出し，自分の足で一歩を踏み出せるように**』保育を営んできた賜物であると，0歳児からかかわってきた保育者に感謝を述べました。

奥ゆかしさに感動すると共に，保育の奥深さを感じました。

（6）「アオくん　風邪ひいちゃうよ」

〈エピソード〉
　10月。昼寝後，きらが「先生，アオ君がシャワー出しとる」「風邪ひいちゃうよ」と伝えに来た。「風邪ひくから止めたって」と伝えると「言ったけど，いっぱい出しとる」と。「分かった，行くわー」と声を掛けてギャラリーへ見に行くと，シャワーをしながら嬉しそうにジャンプしている。「アオ君，風邪ひくからシャワーしません」と厳しく伝えた。アオは，やっていけないことは何となく分かるので，私を見ると"やばい"という様子である。最近よくあるこの構図。他の人ではスルーするけど，私には"やばい"という感じ。なんだか笑えるがぐっとこらえ，さすがに風邪をひいてはよくないので，べたべたのアオに厳しい顔で注意して服を脱がせていると，おしっこをしたにおいがした。「あれまあ　おしっこしたでしょう。ちゃんとトイレ行きます」と言いながらも，おしっこをしてしまったので何とかシャワーで流そうとしていたのか，それとも気持ち悪かったから流そうとしたのかという思いが頭の中を巡った。

　ふと保育室を見ると，すでにアオの服をロッカーから探しているこうの姿。私が頼んだわけでもないのに，そんなことを自然にしてくれることが嬉しく，私は，アオにより穏やかに接することができた。裸で園庭に出ていくアオにしょう・きら・こうが服を着せようと格闘して，アオはするりとかわしながら，にこにこしている。パンツ，ズボン，服を何とか着せている3人とそれを少しずつ受け入れていくアオのやりとりを嬉しく見ている私。

〈考察〉
　クラスの子どもたちが，アオの思いをくみ取ろうとろうとしたり，何とか泣き止ませようとしていたりする姿は，私の心のゆとりとなり，子どもたちに救われるところでもある。アオが安心して園で遊べるのも，子どもたちがアオの様子を気にかけてくれるからこそと思う。アオと子どもたちとの信頼関係ができてきて，アオのことを支えてくれているというのか，アオにやってあげたいという子どもたちの姿が日常の中に溢れている。子どもたちのそういった姿が保育者も安心して過ごせるもとになっていると感じるこの頃である。保育は色々なことが絡み合い，人間関係も築かれて，まさに子どもと保育者が作り上げていくものであると思う。

「アオくんとひそひそ話」

　裸んぼのアオさんを，一人はパンツ，もう一人はズボン・トレーナーを持って追いかけます。逃げる方も追いかける方もなんだかうれしくって，その様子に目を細めて見守る保育者，まるで絵本を見ているかのような光景です。お互いがお互いを思いやって，ぐるぐる回って心が一つに溶けていく光景は，保育はまさに子どもと保育者が作り上げるものであるように思えます。

（7） アオさんと持ちつ持たれつのまなさん

「田植え？　泥端会議！」

　運動会も終わり，子どもたちはさらに自分のもっている力に挑むことを楽しみ遊び込んでいます。まなさんは，竹馬を自在に乗りこなせるようになりそのスピードも早くなってきたことがうれしく，泉先生に勝負を挑みました。泉先生もまなさんの力に驚き，火がついて真剣勝負となり，ゴール寸前で泉先生が勝ちました。まなさんはがっくり力を落とし，さぁっとその場を走り去りました。泉先生はついムキになったことに苦笑いしながら，行方を目で追うと，まなさんはアオさんを探しアオさんに抱きついていきました。アオさんは，突然のことに驚いたでしょうが，そんな素振りは全くなく，まなさんを受け止めていました。アオさんに悔しさを癒され，心を回復したまなさんは再び竹馬に乗り始めました。かいがいしくアオさんにかかわるまなさんと受け止めていましたが，そうではなく持ちつ持たれつの関係があったことをうれしく思いました。

　まなさんは，焼き芋をおかわりしたので「美味しい？」と尋ねると「まずい」。「好き？」と聞かれると「嫌い」と応えることが多いので，あまのじゃくで，甘え下手のまなさんと捉えられていました。また，輪の中に入ることも好まずリズム遊びや絵本の読み聞かせの時は，必ずと言ってよいほど場を離れ遠巻きに様子を見ていました。だからこそ，かえって，すっと自分の赴くままに動くアオさんの姿を追え，気持ちを察することができたのかもしれないと思えます。実にタイミングよくアオさんに働きかけるまなさん。その度ごとに，身体を預けるアオさんから，ありがとうと言葉にならない思いを感じ取り，人と気持ちを通わせる心地よさを感じ取ったのかもしれません。まなさんの心の中のやさしさが，アオさんによって引き出され，心を尽くすことの快さを味わったのかもしれません。

　夏ごろから，ふと気づくと担任の保育者の背中にまとわりついていたり，「まなもやる」と保育者と同じ遊びに浸ったり，3歳児さんが泣いていると相変わらず不器用なのですが何とかしたいと声をかける姿が多くなりました。まなさんのこうした姿が，まなさんの自信にもつながったのでしょう。もともと運動能力の高いまなさんですが，リレーでは「アオ君の分も走る。めっちゃ速く走る！」とはりきっていました。まなさんの育ちを促したのはまぎれもなくアオさんです。

　子ども園では，横糸に，歯に衣を着せずありのままを表現する子，自分の思いを曲げられないこうさん，保育者顔負けのさり気ないかかわりをするさらさんと，色々な思いをもつ異年齢の子どもたち。
　縦糸に，みんなの心の中のやさしさをひき出すアオさん。見る・感じるから始めの一歩を踏み出し，様々な体験と感動を共有するクラスの子どもたち。アオさんと持ちつ持たれつ育つまなさんと，共に織りなす暮らしがあります。そこで繰り広げ

「あっぷぷ・わっはは」

られる様々なドラマを共に過ごす保育者もまた，子どもに支えられ，時に導き誘い暮らしを紡いでいきます。子どもさながらの暮らしの中で出会う小さな出来事の中で，心が交叉する瞬間を紡いでいく営みこそが，共に育ち合う保育といえるのではと考えています。

（8） 心があたたかくなる暮らし

アオさんと子どもたちの暮らしぶりや育ちを，クラスの保護者たちとも共有したく，学級通信（p.16）で随時伝えています。

園の保護者からも行事後の感想が寄せられました。

> ゆっくりペースな子どもたちを，先生も周りの友だちも家族や親たちもあたたかく見守り，拍手の中ゴール。その子なりの参加の仕方・無理なく参加している姿・それを見守る先生のまなざし，あたたかくなりました。

> アオくんたちの姿を見て，とても心がほっこりしました。心のままに身体が躍って，全身で見せる楽しい姿は，前夜から緊張をしていた子どもたちの心に，くすっと笑える余裕を与えてくれたように思いました。

こうしたお便りに，アオさんの保護者も，園の保護者たちも，私たちも支えられ，さらに暮らしが豊かになっていきます。

（9） おわりに—「アオくんのうれしいがうれしい」—

アオさんのお父さんが，「子ども園での暮らしで一番育ったのは僕かもしれない」とボソッとつぶやかれました。筆者はそのつぶやきが意外に感じられました。と言うのも，お父さんは出会った頃から変わらずアオさんの動きにさりげなく寄り添い手を差し伸べていたからです。少し遠くを見つめ深く頷くお父さんの姿から，アオさんとの日々が走馬灯のように思い起こされ，育ちを実感し，改めて今までと変わらずにアオさんと過ごしていこうと自信をもたれたのではと思えました。以前筆者が「お父さん　保育者に向いている。一緒に働きましょう」と声をかけたことを，案外真面目に「資格とろうかな」と話していることを，お母さんから伺いうれしく思いました。そんなご家族と3人4脚で暮らしを紡いできたからこそ，最近のアオさんに，人の心を汲みとる育ちが見受けられるように感じています。

アオさんにとって，午睡の時間は短く，起きる時は，クラスの子どもたちがひざに抱きかかえくすぐったり，耳元で「おはよう」とささやいたり，布団を魔法の絨毯のように引っ張ったりとひと騒動あるのです。が，同じようにぐずるだいさんを

みて，なんとアオさんが手を引き「起きて起きて」と働きかけてくれるようになりました。友だちにやさしく起こされる心地よさを味わっているからこそ，まだ寝ていたいだいさんの気持ちも分かりながら気長に「起きて」と声をかけてくれているのでしょう。

　また，地域の食育活動の一環として，食事改善委員会の方々と，小学校の調理室にて，調理を体験する行事がありました。アオさんにとっては，散歩のつもりで向かったはずが，初めて入る調理室，そして初めて出会う地域のおばあさんたちを前に，当てが外れ泣き出してしまいました。もちろん保育者は泣くことも予測をし，アオさんの様子に応じて臨機応変に対応ができるように整えて向かいました。

　が，保育者の出番はほとんどなく，泣くアオさんの気持ちに子どもたちが寄り添い，アオさんは気持ちを持ち直して無事調理体験ができました。

　大好きなサツマイモの力も大きかったです。好きなものをメニューに組み込む保育者のさりげない心遣いが粋です。こうした周りの人の思いをアオさんは受け入れて，自分の心を調整し，苦手なことにも一歩踏み出しているところにアオさんの大きな育ちを実感します。

　美味しそうに茶巾絞りをほおばるアオさん。そして，「なんだかさぁ　アオくんが嬉しいと，うちらも嬉しくなるよね」と言って食べる子どもたち。

　今を精一杯生きる子どもたちと，共に生きる喜びを深く感じ，お互いを思いやった暮らしを紡いでいきたいと願っています。

「お手製のカメラで，集合写真撮影」
カメラマンの呼びかけに，アオさんも
みんなも集って，ハイポーズ

学級通信

～クラスの癒し系A君～

　スイカ畑に行った日はとても暑くて，しかも畑はなんだかさらに暑く感じます。その暑さに嫌になったA君は，早く帰りたくなり，「お茶飲も，お茶飲も」と早く帰りたくて，それを伝えます。「暑いからお茶飲みたいね，戻ったら飲もうね」と声を掛けているのですが，そんなA君の姿を気にするMちゃんやRちゃん。その時は，A君には余裕がなく，保育者に伝えることが精いっぱいで，Mちゃんが声を掛けても耳に入らず…。帰り道に歩き出すとA君も，園に戻れると分かり，"はやく戻りたいよ"という思いで少しぶつぶつ言っていたのですが，そんな少し不安定な気持ちのA君の歩く横にすっと行き，手をつなぐMちゃん，Rちゃん。それをすっと受け入れるAくん。
　二人のおかげで，不快な気持ちもなくなり，穏やかに歩くAくん。
　私たち保育者が言うから助けたり，支えたりするというのではなく，すっとA君の思いを感じ取りながら関わってくれる姿に嬉しい気持ちでいっぱいでほっこりしたひと時でした。日常の中でもそんなことがたくさんあり，A君の育ちと共に子どもたちの相手を思いやる心の育ちも感じています。A君の醸し出す雰囲気が，子どもたちをひきつけるのだろうなぁ……。私も癒されてます。

両手をつながれていることがあまり好きじゃないはずのA君が，両手をつないでる♥

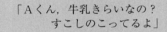

「Aくん，牛乳きらいなの？
　すこしのこってるよ」

　先生がこうして持っていたのを時々目にしていたのでしょうね。すっと「……」無言で牛乳パックをもって支えてくれたのだけど，きっと，心の中で「あと少しだから頑張れ」と言ってくれているかのようでした。

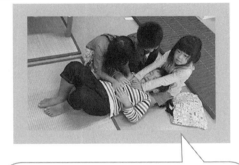

　昼寝の後，もっと寝ていたかったA君。泣いて寝ていたいことをアピール。何とか起こそうと「♪一本橋こちょこちょ」と。くすぐって，何とかにこにこA君になってもらおうとこちょこちょ。
　先日の歯科健診では，口の中を見てもらうことに抵抗があるA君。そのため，なかなか健診に気持ちが向かわずに，遊戯室の中にはいるけれど，歯医者さんの前に行けず，それにずっと付き合ってくれるMちゃん。「A君，あー（口を開けるしぐさ）は」と声をかけてくれたり，「終わったらブランコできるよ」と話してくれたり，温かい子どもたちの姿が嬉しいです。

第1章

特別の支援を必要とする子どもとは
―理解と援助―

1. 障害の概念

事前課題：発表する準備をしておこう！

> （ア）　ICIDHの問題点はどんなところですか。
> （イ）　ICFの特徴はどんなところにありますか。
> （ウ）　あなたの考える「障害」とは何ですか。

　みなさんは「障害」をどのように考えているでしょうか。定型発達に比べて遅れのあるという見方や，個性という考え方，むしろ社会の方にこそ壁があるという見解など，いろいろな意見のあるところです。教育・保育に志あるみなさんには，自身の障害観をこれから常に問い続けてほしいと願っています。

　障害の概念は，世界的にも大きく変遷してきています。その端緒となったのが，1980年に世界保健機構（WHO）が試案として発行した**国際障害分類**（International Classification of Impairments, Disabilities and Handicaps）で，**ICIDH**と称されます。医学をベースとする障害モデルが図1-1で，障害には3つのレベルがあると考えたところがICIDHの大きな特徴です。ただし，このモデル図は後に批判を受けることになります。

　3つのレベルの障害とは，①機能・形態障害（impairment），②能力障害（disability），③社会的不利（handicap）の3つです。これらは一方向の矢印で結ばれており，関連があります。まず病気やケガなどの疾患のために，身体の機能に不調が生まれる機能・形態障害が起こります。そこから生活上の不自由を経験する，能力障害が引き起こされます。そしてその不自由さから，色々な形の社会参加ができなくなり，社会的不利が生まれてくるとされる図です。能力障害を飛び越えている矢印がありますが，それは以下のような例が考えられます。脳性まひにより歩き方が不自然な子がいる（形態障害がある）としましょう。しか

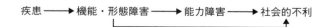

図1-1　ICIDHによる障害モデル

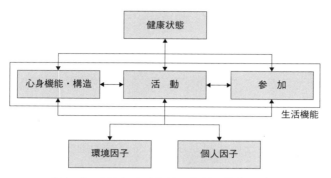

図1-2　ICFによる生物・心理・社会モデル

し，ゆっくりであれ歩くこと自体には問題はありません（能力障害はない）。ところが，運動会で参加できる種目が限られてしまう場合には社会的不利が生まれてしまいます。

ICIDHは障害の概念を示したものとして注目されましたが，先に述べたように多くの批判を受けることとなりました。その理由は，①障害のある人たちのマイナス面だけを取り上げ，見方が偏っていること（プラス面が取り上げられていない），②矢印が一方向ばかりで，障害があることにより社会的不利になる運命のようであること，③障害の発生には，環境面が大いに関連しているのに考えられていないことの3つです。この障害モデルの作成過程において，障害のある当事者の声が届いていなかったことは大きな問題でした。そこでICIDHは改定されることとなり，2001年WHOが新しいモデル図を作成しました（図1-2）。それが**国際生活機能分類**（International Classification of Functioning, Disability and Health）で，**ICF**と称されます。

ICFにおいては，人が生きることの全体を示すものとして，**生活機能**（Functioning）を導入しました。また医学モデルと社会モデルを統合した「生物・心理・社会モデル」とされています。ICIDHと比較して，ICFにはどのような特徴があるでしょうか。一般的には3つの特徴があるとされています。①生活機能を重視していること，②個人だけでなく環境も重視していること，③相互作用を重視していることです。これらについて，詳しく見ていくことにしましょう。

まず1つ目の特徴として，心身機能・構造，活動，参加の3つの要素を含む生活機能が重視されていることです。ICIDHの機能・形態障害，能力障害，社会的不利の3つの要素と比較して分かるように，マイナスの表現がなくなり，生活面のプラス面をも含み込まれることになりました。保育に換言すれば，障害のある子どもたちの苦手なところだけでなく，得意なところにも注目するということになります。

一方で，どうしてこのモデル図が障害を表しているのかと疑問に思う方もいるかもしれません。このモデル図において，障害とは生活機能がうまく働かなくなることと考えられます。つまり，**生活のしづらさが障害である**と考えるところにICFの価値があります。具体的には，心身機能・構造がうまく働かなくなった時には機能障害（impairment）が起こり，活動がうまくいかなくなると活動制限（Activity Limitation）が起こり，参加できない状況が生まれると参加制約（Participation Restriction）が起こるということです。モデル図と表裏の関係で障害が表れると考えてみてください。

　2点目は，ICFのモデル図は個人（医学モデル）と環境（社会モデル）を統合しており，環境からのアプローチが大事にされていることです。生活機能に影響を与える2つの因子として，環境因子と個人因子が挙げられています。環境因子としては，**バリアフリーやユニバーサルデザイン**[1]などの物的環境が思い当たるところでしょう。ただしここで環境とは，人的環境や制度環境も含みます。環境を通した保育は重要であり，安全な環境と安心できる保育者が園にいることは，支援児だけでなくその保護者の生活の支えにもなります。なお個人因子とは，年齢・性別・民族・生活暦（職歴・家族暦）・価値観・ライフスタイルなどその人固有のもので，その人の日々の生活や文化に影響を与えるものとされます。

　最後に3点目として，ICFはすべての要素が影響しあう相互作用モデルといわれているように，生活機能，健康状態，個人・環境因子が双方向の矢印で結ばれており，全体的な生活の質（Quality of Life）を重視したモデルということができるでしょう。健康状態を問題にしていることから，障害に関係なく，子どもたち一人ひとりの身心の健康のためにできることを保育・教育の中で考えていくことが求められます。また日々の生活の充実が，健康状態を高め，環境因子や個人因子に影響を与えるとも考えられます。

　2007年にはICF-CY（Children and Youth Version）がICFの派生分類としてWHOから公表されるなど，ICFは現在でも広く活用されています。このICFの考え方は，現在の障害者基本法にも活かされており，「心身の機能の障害及び**社会的障壁**[2]により継続的に日常生活又は社会生活に相当な制限を受ける状態にあるもの」を障害としています。また後に触れるDSM-5においては，障害ではなく，いくつもの状態像が共通してみられるという意味で「症」（症候群）として，位置づけられるようになりました。

　また最近は「定型発達症候群」という考え方も出てきました。みなさ

1）バリアフリーには社会的障壁となるものを取り除くという意味合いがある一方で，ユニバーサルデザインには，障害児や高齢者などに限らず，最初からすべての人たちが活用しやすい環境が目指されている。

2）社会的障壁
障害がある者にとって日常生活または社会生活を営む上で障壁となるような社会における事物，制度，慣行，観念その他一切のものをいいます。

んは次の中で当てはまるものが何個くらいありますか。

- 暇な時はなるべく誰かと一緒に過ごしたい
- 集団の和を乱す人が許せない
- 社会の慣習にまず従うべきだ
- はっきりと本音を言うことが苦手
- 必要なら平気でウソをつける

　ほとんどの人が1つくらいは当てはまったのではないでしょうか。1つでも当てはまった人は，**定型発達症候群**（多数派）で，いわゆる「普通の人」です。「定型発達」とは，発達が「定型（平均的）」という意味で，一般的に，「発達障害ではない人」をさす言葉として用いられます。

　しかし，発達障害の人たちからみれば，定型発達の人は不思議な存在になります。自閉スペクトラム症と診断された海外の一般女性が，ASDに関する様々なメディア報道への皮肉の意味で「創作」した言葉ともいわれています[3]。定型発達の人が発達障害の人の言動を不思議に思うのと同じように，発達障害の人も先に挙げた5つの内容において，定型発達の人はどうしてそう考えてしまうのか，不思議だと感じているのです。

　また，定型発達の人たち同士と比較して，発達障害の人と定型発達の人たちとが，すぐには共感しづらい面があるのはたしかです。しかし，発達障害の人たち同士は共感しやすいという研究も出てきました。健常か異常（障害）か，正しいか間違いかという2択ではなく，**神経多様性**，つまり多様な育ちの1つという見方が大切になります。つまり，お互いを尊重する気持ちを育てることが幼児期の保育・教育に求められているのです。

　障害とは何かを考えていくと，まだまだ深められるところですが，園であれ，家庭であれ，子どもたちの生活の暮らしづらさの生まれているところに障害があるといってよいでしょう。その暮らしづらさを多少なりとも和らげる配慮とともに，お互いを尊重する気持ちを育てるための保育・教育が私たちに求められています。

3）浅田晃佑(2017). 発達障害と共感性の新しい見方　教育と医学，65（10），20-26.

2．視覚・聴覚障害の理解と援助

事前課題：発表する準備をしておこう！

> （ア）　視覚・聴覚障害とはどのような障害ですか。
> （イ）　視覚・聴覚障害の子どもの特性にはどのようなことがありますか。
> （ウ）　視覚・聴覚障害の子どもへの保育・教育を行う上で配慮すべきことは何ですか。

［1］　視覚障害とは

　視覚障害とは，目で物を見る機能（視力，視野，色覚，眼球運動，両眼視など）が永続的に低下している状態をいいます。例えば，眼鏡などの使用で通常程度に視機能が回復する場合は視覚障害とみなしません。

　ものを見るということは，眼球，視神経，大脳視覚中枢等がはたらくことで成立しています（図2-1，図2-2参照）。外界の視覚情報は，光として角膜から眼球に入り，視神経を経由して大脳に伝わることで情報として認識されます。視覚障害は，眼球から大脳視覚中枢までのいずれかの部位に障害が生じることで，見えない，あるいは見えにくい状態が引き起こされていることをいいます。

　視覚障害の状態は「盲」と「弱視」に分かれます。「盲」は視覚の活用が困難で，触覚や聴覚など視覚以外の感覚からの情報を活用する必要がある状態（見えない状態）をいいます。「弱視」は眼鏡等で矯正しても視力が0.3未満で，環境を工夫することで主に視覚情報を活用して生活できる状態（見えにくい状態）をいいます。

1）柿澤敏文(2016)．障害を理解するための生理学基礎　前川久男・四日市章（編）特別支援教育における障害の理解 (pp.25-29) 教育出版

（1）　視覚障害の主な原因

　子どもに多い視覚障害の原因には以下のものがあります。

①未熟児網膜症

　網膜血管の成熟が不十分な状態での早期出産により，出生後に網膜血管が異常に増える

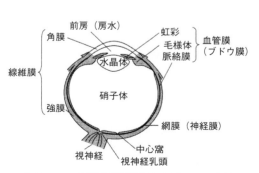

図2-1　右眼水平断面図（柿澤，2016）[1]

ことで起こる疾患。

②**小眼球**

眼球が発育不足で小さい状態のこと。

③**視神経萎縮**

視神経に萎縮が起こる疾患。

④**白内障**

本来透明なはずの水晶体が濁ってしまう疾患。

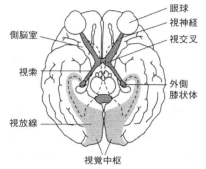

図2-2 ヒトの視覚経路（柿澤, 2016）[1]

特別支援学校，小中学校（特別支援学級，通級による指導含む）に通う視覚障害児童生徒の実態として，未熟児網膜症が2～3割を占めています。

（2） 視覚障害児の障害特性[2]

①**周囲の環境を把握する上での困難**

視覚情報として理解することが難しいことで，対象への働きかけ方が分からずに不安を抱きやすい特徴があります。また，見て捉えることが難しいので興味・関心をもつ機会が少なくなり，限られた活動を繰り返すことが多くなりがちです。

②**視覚情報が得られにくいことによる概念・知識獲得の困難**

意味を十分に理解するだけの情報が足りないまま言葉を覚えてしまう場合もあり，知っている言葉の内容が偏ることがあります。対人関係においても場の雰囲気や相手の表情を視覚から読み取ることが難しいので，コミュニケーションがうまくいかないことがあります。

③**動作・技術習得の困難**

見て模倣することによる技術習得が難しいので，動作全般において取り組み方を教えてもらう必要があります。また，適切に行えたかどうか自分で確認することも難しいので，周囲のフィードバックが必要となります。新たな動作や技術を習得する上で，取り組み方を理解することに時間と努力が必要になります。そのため，指示や援助を待つ状態になりがちで，自発性に影響する場合があります。

（3） 視覚障害児への保育・教育において留意すべきこと

視覚障害の子どもたちが学ぶ場として，幼児期であれば地域の保育所，幼稚園，児童発達支援センターなどがあります。学齢期であれば，小中学校（特別支援学級，通級による指導含む），高等学校，特別支援学校等があります。視覚障害に特化した特別支援学校（旧：盲学校）では，視覚障害への早期支援を目的として，幼稚部が設置されているとこ

[2] 障害特性
当該の障害があることによって見られる性質（特徴）。特に顕著となる側面。

ろも多くあります。
①障害の理解
　視覚障害児の発達は一人ひとりに違いがあります。特に盲と弱視は，それぞれ必要な配慮が違うことを理解しておくとよいでしょう。盲の場合は視覚以外の情報を活用することになるため，触覚や聴覚等の活用方法について工夫をする必要があります。弱視の場合は，視覚を十分に活用しながら見て捉えやすい環境設定について工夫することが必要です。また，一人ひとりの見え方が違うため，医療機関と連携するとともに，保育者・教師として日常生活の中で子どもを観察し，その子の見え方の特徴など実態を十分に把握することが大切です。

②障害特性への配慮
　視覚情報を得て模倣・学習を進めることが難しく，**未学習**（学んだ経験がない）のままであることが視覚障害児の困難の多くを占めます。視覚情報の得られにくさを補うためには，言葉がけなど周囲の積極的な働きかけが大切になります。例えば，周囲の人が，視覚障害のある子どもの表情を見て「うれしそうだね」と言葉をかけることで，子どもにとっての鏡の役割を担うことが必要です。また，触れているものを「車のおもちゃだね」と伝えたり，周囲の状況変化を「A君が後ろに並んだよ」と伝えたりする必要があります。保育者・教師は目に入った**情報を意識的に言葉にして**視覚障害のある子どもに伝え，環境把握や概念形成，知識獲得を支援することが必要となります。

③専門機関との連携
　視覚障害児にとって最も必要なことは，視覚から入るはずの情報をできるだけ保障することです。部分的に活用できる視覚からの情報を得られやすくするための環境の工夫は必要不可欠となりますし，触覚，聴覚等の感覚を活用できるような環境設定も重要であるといえます。
　視覚障害児にとって感覚活用のための支援方法の工夫や，目の保護等の視点からも医療機関との連携は大切です。日常生活における知識・技能・動作を習得するための支援方法については，地域の視覚障害特別支援学校が具体的な相談に応じてくれるので，活用するとよいでしょう。

［2］　聴覚障害とは

　聴覚障害とは，聴覚器官や聴覚情報を認識する機能に何らかの損傷や障害が起きることで，聞こえに困難が生じている状態をいいます。
　聴覚器官は外耳，中耳，内耳，聴神経・大脳から構成されています（図2-3参照）。音声を聞く仕組みは，空気の振動である音が外耳道を

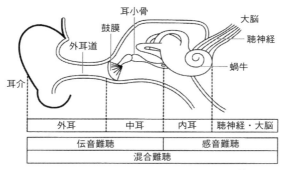

図2-3　聞こえの仕組み（大沼，1997）[3]

3）大沼直紀(1997). 教師と親のための補聴器活用ガイド　コレール社

通り，鼓膜を振動させ，耳小骨（ツチ骨・キヌタ骨・アブミ骨）によって増幅されて内耳に送られます。内耳に送られた振動は蝸牛で電気的信号に転換され，聴神経を経て大脳皮質の聴覚野に到達し，音声として認識されます。

　聴覚障害には，「伝音難聴」と「感音難聴」の2つの種類があります。
　「伝音難聴」は外耳（耳介，外耳道）から中耳（鼓膜，耳小骨），内耳に伝わるまでの過程に障害があるものです。伝わる音は小さくなりますが，音に歪みがありません。
　「感音難聴」は，振動として伝わる信号が神経の信号に切り替わる部分（蝸牛）と，それ以降の信号の伝達・処理に関する部分（神経路，中枢処理機構）に何らかの障害があるものです。伝わる音が小さくなるだけでなく，音そのものに歪みが生じてしまいます。
　聴力（聞こえの程度）は，「音の強さ（db：デシベル）」で表し，数値が大きいほど聴覚障害が重いということになります。音の強さの目安としては，掃除機が60db，セミの鳴き声が70dbといわれています。また，音には「高さ（Hz：ヘルツ）」という指標もあり，人が聞こえる高さは20Hz～2万Hzといわれています。学校教育法施行令でいう「聾（ろう）者」は，両耳の聴力がおおむね60db以上で，補聴器を使用しても通常の話声を理解することが不可能または著しく困難なものとしています。補聴器を使ってどの程度話し言葉を理解できるかによって，障害の程度が重い「聾」と，軽い「難聴」とに大きく分けられます（図2-3）。

(1) 聴覚障害の主な原因

聴覚障害の主な原因に以下のものがあります。
①胎児期に発生する原因
　遺伝，母体の風疹感染，糖尿病罹患，薬物副作用，妊娠中毒症（妊娠高血圧症候群）などがあります。

②出産期に発生する原因

　低体重での出生，仮死出産，重症黄疸などがあります。

③出産後に発生する原因

　中耳炎，流行性耳下腺炎，髄膜炎，肺炎などによる高熱，頭部外傷，メニエール病などがあります。

　その他原因不明のものも多くあります。

（2）聴覚障害児の障害特性

①聴覚情報を得にくいことでの困難

　聴覚障害児は音による情報を正しく得ることが難しいため，音声言語を理解することや話すことに最も大きな困難があります。難聴の場合，補聴器を活用すればある程度相手の話を聞き取ることができますが，聞き逃したり，間違えたりすることも多くなります。また，話す時の発音がはっきりしないこともあります。

　聴覚情報を得にくいことで，後ろから近づく自動車に気づきにくいなど，音による危険察知が難しい場合があります。また，チャイム等の合図が聞こえず，環境の変化に気づきにくいことも困難の一部といえます。

②コミュニケーションをとる上での困難

　言葉によるやりとりに困難を抱えることで，コミュニケーションに対して自信をもちづらい特徴があります。特に，正確に聞き取れなかった部分を推測で補うものの間違えてしまったという失敗体験をする場面が多くなりがちです。幼児では，自分の伝えたいことをうまく言葉として表現することが難しいためにイライラしたり，コミュニケーションに対して消極的になったりする様子も見られます。

（3）聴覚障害児への保育・教育において留意すべきこと

　聴覚障害の子どもたちが学ぶ場として，幼児期であれば地域の保育所，幼稚園，児童発達支援センターなどがあります。学齢期であれば，小中学校（特別支援学級，通級による指導含む），高等学校，特別支援学校等があります。聴覚障害に特化した特別支援学校（旧：聾学校）では，聴覚障害への早期支援を目的として，幼稚部が設置されているところも多くあります。

①障害の理解

　どの程度聞こえているのかを正しく理解することが最も大切です。聴覚障害の程度によって，医療機関や家族と協力しながらその子どもにあったコミュニケーションの方法を育むことが保育・教育として重要と

なります。例えば，早い時期から補聴器を装用して音声言語の学びを保障することで，音声言語の使用可能性を広げる場合があります。また，近年では幼児期に人工内耳を装用する事例も増えています。人工内耳は手術によって蝸牛に電極を挿入し，直接聴神経に音声情報を伝える装置です。補聴器，人工内耳とも装用するだけでなく，装用後に聴覚を活用するための学習を進めることが最も重要な支援となります。

②**特性への配慮**

　コミュニケーション手段にこだわることなく，子どもたちの話したい，伝えたい，聞きたい，知りたいという気持ちを大切にした保育・教育を展開したいものです。そのために，子どもたちにとって分かりづらい環境をできるだけ減少させることが大切です。また，聞いて分かる，見て分かるといった双方をバランスよく学ぶための環境作りも必要となります。子どもたちにとってコミュニケーションが楽しくなるような保育者の働きかけが重要となります。

③**関係機関，保護者との連携**

　障害の早期発見，早期療育が最も大切になります。聴覚障害児を対象とする児童発達支援センターでは0歳児から療育が行われます。医療機関，地域の聴覚障害特別支援学校等の協力を得ながら，家庭と連携して子どもにあった支援の方策について検討を行うことが大切です。

3．肢体不自由の理解と援助

事前課題：発表する準備をしておこう！

> （ア）　肢体不自由とはどのような障害ですか。
> （イ）　肢体不自由の子どもの特性にはどのようなことがありますか。
> （ウ）　肢体不自由の子どもへの保育・教育を行う上で配慮すべきことは何ですか。

（1）　肢体不自由とは

　肢体不自由とは，児童福祉法では「上肢，下肢又は体幹の機能障害」とされています。身体の動きに関する器官（骨・関節・筋肉・神経）が，病気やけがで損なわれ，継続して歩行や筆記などの日常生活動作が困難な状態をいいます。例えば，足首を捻挫して一時的に歩行が困難になった場合は肢体不自由とみなしません。肢体不自由は一時的ではなく，永続的な日常生活動作の困難がある状態をさすものです。

（2）　肢体不自由の主な原因

　近年，日本を含む先進国では1,000人に2人の割合で脳性まひのある子どもが出生しています。肢体不自由の原因の中で最も多い疾患として全体の6〜7割を占めています。

　脳性まひとは，「受胎から新生児期（生後4週間）までに生じた非進行性の脳病変による姿勢と運動との機能障害[1]」とされています。つまり，脳の病変や損傷によって体を動かすこと，姿勢を保つことが難しくなることをいいます。

　二分脊椎とは，胎生初期に何らかの原因によって脊椎の形成が不全と

1）公益社団法人日本リハビリテーション医学会（2014）．脳性麻痺リハビリテーションガイドライン第2版　金原出版

表3-1　肢体不自由の原因となる疾患の例

原因となる疾患	疾患の例
脳原性疾患	脳性まひ，脳外傷後遺症　など
脊椎・脊髄疾患	二分脊椎　など
筋原性疾患	進行性筋ジストロフィー　など
骨系統疾患	先天性骨形成不全症，ペルテス病　など

なり，左右に二分したままにとどまっているものをいいます。多くは両下肢に運動のまひが生じます。また膀胱のコントロールに障害がある場合も多く，導尿（尿道に細い管を挿入して人工的に尿を排出すること）による排尿の管理が必要となります。

（3） 肢体不自由児の障害特性（脳性まひを中心として）

①動作の不自由がもたらす困難

まひがあることで，思うように自分の身体を動かすこと（姿勢保持や自力移動）が難しくなります。また，動かすことができる部分や範囲が少ないこと，力が弱いことにより，様々な作業や活動などの取り組みに時間がかかる場合があります。

②感覚や認知がもたらす困難

運動機能に合わせて視機能（斜視など）や視覚認知（位置・空間把握など）に障害のある場合が多く，情報を正しく捉えることが難しくなります。特に物事の一部に注目しやすく，全体像を捉えることに苦手さを感じる場合が多くなります。

③経験や体験の不足がもたらす困難

肢体不自由により，自分で直接的に体験する場面をもちづらいことから経験不足になる場合が多くあります。また，学んだことを生活場面で活用する機会ももちづらく，理解や定着が図りにくい場合もあります。

（4） 肢体不自由児への保育・教育において留意すべきこと

肢体不自由の子どもたちが学ぶ場として，幼児期であれば地域の保育所，幼稚園，児童発達支援センターなどがあります。学齢期であれば，小中学校（特別支援学級，通級による指導含む），高等学校，特別支援学校等があります。

①障害の理解，実態把握

肢体不自由は障害の種類や状態によって子どもの実態は様々です。その子の生活上の困難を把握し，より豊かな生活に結び付けていくために必要な力を高めていく視点で目標設定することが大切になります。

特に必要な健康面の配慮として，保育者・教師は毎日の子どもの観察から，**普段の様子**を把握することが大切です。肢体不自由の子どもの中には自分の体調の変化について，他者に分かりやすく伝えることが難しい子もいます。保育・教育を進める上では，体温や脈拍などの数値で把握できるものに合わせて，表情（顔色），唇の様子，体の動きなどを観察しながら，**いつもと違う場合には早く気付いて対応できる力**が必要となります。

②**障害特性への配慮**

　動作の困難への対応として，活動に取り組みやすい環境設定や十分な時間確保が大切になります。椅子や机の高さ・形状など活動しやすい環境を調整したり，不自由な動きを補助する用具を活用したりすることも重要な環境設定となります。また，他の子どもたちと比べてすべての動作に時間が必要となります。その子の目標に合わせた時間設定や動作の代替などをして，**自分でできたこと**を感じられるような保育・教育の工夫が必要です。

　認知面への対応では，見る情報の調整として提示する物の色や形を工夫することが大切です。また，理解を深めるために，できるだけ手に触れて体験させてあげること，言葉で伝える場合には順序立てて一つずつ伝えることが重要となります。

③**専門機関・保護者との連携**

　肢体不自由児の保育・教育には，医療機関との連携が必要不可欠です。地域の児童発達支援センター等と連携し，医師や理学療法士などの医療専門職と共にチームとしてその子に必要な支援について考えていくことが大切になります。生活面，学習面においては，地域の肢体不自由特別支援学校が相談に応じてくれるので，積極的に活用するとよいでしょう。専門職と連携する際，保育者はアドバイスを受けるだけでなく，保育・教育の専門家としての視点から子どもの情報を伝えることが**チーム力**を高める上で大切となります。また，保護者とも情報を共有し，家庭と協働して子どもを支えることが自立に向けた成長へとつながります。

4．知的障害の理解と援助

事前課題：発表する準備をしておこう！

> （ア）　知的障害とはどのような障害ですか。
> （イ）　知的障害の子どもの特性にはどのようなことがありますか。
> （ウ）　知的障害の子どもへの保育・教育を行う上で配慮すべきことは何ですか。

（1）　知的障害とは

　知的障害は，DSM-5によると「知的発達障害」とされています。発達期（18歳以前）に発症し，概念的，社会的，および実用的な領域における知的機能と適応機能両面の障害です。知的機能とは，記憶，推理，計算，思考，判断などをいいます。適応機能とは，人が日常生活において適応するために学ぶ概念的，社会的，実用的なスキルのことをいいます。

　つまり知的障害とは，定型発達を示す平均的な子どもと比べて知的発達がゆっくりであり，適応機能に困難があることで実際の生活において支障や不利益をきたしている状態を指します。知的障害は，個人の条件だけでなく，環境的・社会的条件との関係で，その障害の状態が変わる場合があるということです。

（2）　知的障害の主な原因

　知的障害の原因には以下のようなものがあります。

①病理的な要因

　原因となる疾患として，染色体異常（ダウン症候群など），中枢神経系（小頭症など），代謝性疾患（フェニルケトン尿症など），てんかんなどがあります。胎児期，周産期，乳幼児期に外的な影響で知的障害になる場合もあります。例えば，母親の感染症，薬物中毒，栄養状況，出産時の仮死状態などが挙げられます。

②生理的な要因

　特に知能が低くなる疾患があるわけではなく，知的能力全般に遅れが認められる場合があります。この要因が知的障害の大部分を占めます。

③心理的な要因

　児童虐待や育児放棄など，子どもの成長にとって極度に不適切な発育環境を原因として後天的に知的な発達が遅れてしまうことがあります。

（3）　知的障害児の障害特性

①運動発達面による困難

　知的障害のある子どもは，乳幼児期の比較的早い段階で首のすわりや座位保持などに遅れがみられることがあります。また，手足の動きがぎこちない，体がやわらかく力が入りにくい，手先が不器用などといった困難を示す場合があります。

②言葉の発達の遅れによる困難

　知的障害の子どもは言葉の出現にも遅れがみられる場合があります。物の名前などは比較的獲得しやすいといえますが，物の大小など関係を示す言葉や，概念などを表す言葉は獲得が難しい場合があります。

③ワーキングメモリーの容量が少ないことによる困難

　知的障害のある子どもは，一度に記憶できる量が少なく，記憶すること自体に苦手さを感じる場合が多くなります。知的障害があることで，記憶すべき大切な情報に注意を向けたり，注意を持続させたりすることが難しく，記憶するための時間も多く必要となります。

（4）　知的障害児への保育・教育において留意すべきこと

①障害の理解，日常生活習慣の指導・援助

　知的障害児の実態を細かく捉えることが必要となります。知的障害の程度，経験の仕方などによって子ども一人ひとりの個人差も大きくなりがちです。「何を」，「どこまで」，「どのように」できるのかを捉え，子どもができるところ（好き・強み）から指導・援助することが大切です。取り組みを進める上では，その子にあった**スモールステップ**[1]で進め，子ども自身ができた感（達成感）を感じられるように支援するとよいでしょう。

　好きなこと，得意なことを見つけた知的障害児は，できた・うまくなったという達成感を得ることで粘り強く挑戦する力を身につけていきます。幼い頃に見つけた好きなことを社会に出た後も余暇活動として継続して取り組み，豊かな生活を送っている知的障害のある方も多くいます。

②障害特性への配慮

　運動発達面で困難を抱える知的障害児においては，体を動かして遊ぶことの楽しさを実感させてあげることが重要となります。様々な活動に

1）詳細はp.90参照。

対して失敗した経験を重ねがちな知的障害児は，活動全般に対して意欲をもちづらいことがあります。繰り返しの活動の中からできるようになったことを取り上げて褒め，自信をもたせてあげることが大切です。

言葉の発達の遅れに対しては，コミュニケーションの基礎的な力として，以下の3点を育むことが大切です。

（a）相手（友だちなど）に関心をもつこと
（b）相手の働きかけを受け入れること
（c）自分から相手に働きかけようとすること

他児とのかかわりの中でコミュニケーションの力を育む際には，保育者・教師が媒介となることが有効です。知的障害の子どもの表現（表情やしぐさなど）を言葉にして他の子どもたちに伝えたり，他の子どもたちからの働きかけを説明して分かりやすく知的障害の子どもに伝え直したりすることで，友だちと通じ合う喜びを感じられるようになるでしょう。

ワーキングメモリーの容量に関する困難への対応として，必要な情報だけに絞り，はっきりと入力させてあげることが重要です。見るだけの情報，聞くだけの情報では理解が難しい場合があります。要点だけを簡潔にして，目や耳，体など様々な部分を活用して伝えると理解しやすくなります。また，情報を伝える前に，子どもがこちらに注意を向けているかを確認することも大切です。前に立つ人に注意を向けて話を聞く力は，小学校入学以降の発達を支える上でとても大切な要素となります。

③関係機関，保護者との連携

医療職（心理職含む）との連携は必要不可欠です。その子どもの認知の特徴を十分に踏まえて生活を支える支援を進める必要があります。地域の知的障害特別支援学校も相談に応じてくれるので，活用するとよいでしょう。

保護者との連携においては，保護者の不安や苦労に耳を傾け，共感し，分かち合うことが大切となります。保護者は我が子の様子から，他の子どもたちと比べてみてしまう場合があります。保育者・教師がその子の成長・変化を取り上げ，積極的に保護者に伝えることで，保護者自身も我が子の成長・発達により一層の喜びを感じられるようになると思います。保育者・教師は親子のかかわりを外から支えるといった社会的に重要な役割を担っているのです。

5．言語障害の理解と援助

事前課題：発表する準備をしておこう！

> （ア） 言葉の遅れのある子どもについて，3歳未満児の保育において特に観察すべき点はどのようなことでしょうか。
> （イ） 3歳以上児の保育においてみられる言葉の「話し方」の問題にはどのようなものがあるでしょうか。

（1） 言葉の遅れとその対応—3歳未満児の保育において配慮すべきこと

　赤ちゃんをあやしたり，抱っこをしたりしたことはありますか。人間の赤ちゃんは最初から意味のある言葉を話せるわけではありません。最初は泣くだけだった赤ちゃんが，次第に機嫌の良い時に喉の奥を鳴らすような声を出せるようになり，生後半年を過ぎてくると「マママママ」「バババババ」など，唇を使いながら連続した音（喃語）を出せるようになっていきます。やがて，1歳の誕生日を迎える頃，ようやく「ママ」「パパ」など言葉らしきものを発するようになります。しかし，これはあくまで平均的な発達の道筋であり，言葉の発達は特に個人差が大きいことをまず知っておく必要があります。例えば，2歳を過ぎても一言も発しないとか，3歳が近づいても二語文を話さない子どもにも保育現場では出会うことがあります。このような子どもに出会った時に保育者にはどのような対応が求められるのでしょうか。

　一般的に，1歳6か月児健診では意味のある単語を2～3語程度は話しているということが平均的な発達として確認されます。そして，2歳を過ぎると「ママ，あっち」「ワンワン，きた」などの二語文を話すようになります。3歳児健診では大人の求めに応じて自分の名前を言うことや，簡単な会話が成立するかを確認します。これらは主に言葉の「表出」の側面を見ていますが，言葉を「理解」することや，言葉を使って「やりとり」をすることも言葉の発達の大事な側面です。「表出」は目立つ部分でありながら，とても個人差が大きいので，保護者の心配事にもなりやすいのです。しかし，「表出」がゆっくりであっても，大人が言っていることがよく分かっている，他者とかかわろうとする気持ちが

表 5-1　言葉が遅い子どもとかかわる時の基本

1．しっかり視線を合わせて
2．からだ全体を使って
3．反応的にかかわって
4．子どもが表現したいことを丸ごとキャッチして
5．耳に残りやすく心地のよい，分かりやすい言葉にして返してあげること

育っているなど，「理解」や「やりとり」の側面がしっかり発達していると，「表出」も次第に追いついていくことが多いものです。

このように，言葉の発達は個人差が大きいということを踏まえておく必要がありますが，中には発達に何らかの心配があるという場合もあります。特に3歳未満児の保育において観察すべき点は次のような項目です。まず最初に，聞こえ（聴力）の確認です。呼んでも振り向かない，聞き返しが多いなど，聞こえの問題が疑われる場合は専門家への相談が必要になります。次に，視線を合わせたり，盛んに声を出しながら何かを指さして注意を共有したりなどのコミュニケーション行動がみられるかという点です。最後に，相手の言葉や動作の意味を理解しながら真似（音声模倣や動作模倣）をし，そこからイメージを広げながら，ごっこ遊びなどのやりとりに発展していくかどうかという点です。このような点において心配がみられる場合，保育者は特に丁寧に子どもに寄り添ったかかわりが求められます。表5-1に，かかわりのポイントを示しました。これらを日々の保育の中で意識しながら子どもの発達をよく観察し，小さくても何か手応えがあったらそれらを保護者と共有していけるとよいと思います。

（2）話し方が気になる子どもとその対応―3歳以上児の保育において配慮すべきこと

3歳を過ぎると，子どものお話しする力はますます伸びていき，子ども同士のおしゃべりも盛んになっていきます。ただし，3歳を過ぎても，中には知的障害や発達障害があり，話し言葉がゆっくりと発達していく子どももいます。3歳以上児の保育において言葉の発達に関する心配事として多いのが，主に「話し方」に関する事柄です。ここでは，代表的な3つの事柄について説明します。

まず，発音の問題です。例えば，「さかな」と言いたいのに「ちゃかな」と発音してしまう子どもがいます。これは，子どもが正しい発音を獲得する途中でよく見られるもので，概ね5歳くらいまでには正しく言えるようになっていきます。ただし，中には就学後まで時間がかかる子どももいるので，そのような場合は専門家の評価や指導を受ける場合も

あります。また，口蓋裂（先天的に上顎の骨や粘膜が欠損している奇形の一種）など口の中に異常がある場合も，発音の獲得が遅れる場合があります。

次に，吃音についてです。吃音とは，音の繰り返し（ぼ，ぼ，ぼ，ぼ，ぼくは…），音の引き伸ばし（ぼーーーくは…），音のつまり（…，…，…，ぼ，くは…）の3つを主な症状とする，スムーズに話すことができない状態のことです。3歳～5歳くらいの間に発症することが多く，男の子に多くみられます。

最後に，場面緘黙についてです。家では何事もなく普通に話すことができるのに，園や学校など特定の場面でお話しすることができない状態を場面緘黙といいます。比較的女の子に多くみられます。症状が重い場合は，言葉だけではなく動くことそのものが困難になることもあります。このような状態が長く続くため，ただの「恥ずかしがりや」とは異なります。

3歳以上児の保育において，言葉の「話し方」について心配がある子どもにどのように寄り添い，かかわっていくのがよいのでしょうか。最も大切なことは，きれいに，上手に話すことを急がせないことです。子どもの「話し方」そのものよりも，「話したいこと」の中身に注目してあげましょう。言葉の誤りを指摘して言い直させたり，無理に言わせたりすることは子どものコミュニケーション意欲を低下させることにつながってしまいます。子どものお話を最後まで遮らずに，体全体で受け止めてあげましょう。子どもに「話し上手」になることを求めるのではなく，大人が「聞き上手」になれるかどうかが，保育者に求められているともいえるでしょう。

6．発達障害の理解と援助

事前課題：発表する準備をしておこう！

> （ア） 自閉症とはどんな障害ですか。
> （イ） ADHDとはどんな障害ですか。
> （ウ） LDとはどんな障害ですか。

次に発達障害について理解を深めていきましょう。発達障害は「自閉症，アスペルガー症候群その他の広汎性発達障害，学習障害，注意欠陥多動性障害その他これに類する脳機能の障害であってその症状が通常低年齢において発現するものとして政令で定めるもの」と発達障害者支援法にて定義されています。自閉症・注意欠陥多動性障害（ADHD）・学習障害（LD）が発達障害の主なものであり，幼児教育・保育の現場で支援の対象になっていることが多くあります。

本節では，自閉症・ADHD・LDについて基本的なことを示した後に，発達障害およびその特性に対する考え方について深く理解することを目指します。なお発達障害の診断基準はアメリカ精神医学会のDSM-5に拠ります。

（1） 自閉症（自閉スペクトラム症）

自閉症の診断基準は，**（A）複数の状況で社会的コミュニケーションおよび対人的相互反応における持続的な欠陥**，**（B）行動，興味，または活動の限定された反復的な様式**の2つです。（A）および（B）については，表6-1のような内容が挙げられます。

具体例としては，興味，情動，または感情を共有することの少なさや，顔の表情や非言語的コミュニケーションの理解の難しさ，想像上の遊びを他者と一緒にしたり友人を作ったりすることの難しさ，おもちゃを並べたり物を叩いたりするなどの単調な常同運動，毎日同じ道順をたどったり，同じ食物を食べたりすることへの要求が挙げられます。つまり，社会的コミュニケーションの面に難しさがあることと，いわゆる「**こだわり**」とされる限定された反復的な行動様式がみられることが自閉症の診断基準となります。また自閉症は**自閉スペクトラム症**とも呼ばれています。スペクトラムは連続体という意味で，同じ自閉症でも重度

表6-1　自閉症の診断基準（DSM-5より筆者が作成）

	（A）社会的コミュニケーション	（B）限局された反復的な行動
（1）	相互の対人的―情動的関係の欠落	常同的または反復的な身体の運動，物の使用，又は会話
（2）	対人的相互反応で非言語的コミュニケーション行動を用いることの欠陥	同一性への固執，習慣への頑ななこだわり，また言語的，非言語的な儀式的行動様式
（3）	人間関係を発展させ，維持し，それを理解することの欠陥	強度または対象において異常なほど，きわめて限定され執着する興味
（4）		感覚刺激に対する過敏さまたは鈍感さ，または環境の感覚的側面に対する並外れた興味

のものから軽度のものまであるという意味です。DSMでは自閉症の度合いをレベルとして表し，自閉度に応じた配慮の必要性が述べられています。具体的な配慮点として，次の2点を挙げます。

　自閉症のある子どもたちの中には，生活の中にある刺激に対して大変敏感に反応する子どもたちがいます。例えば，大きな音が苦手であったり，雨が当たると痛いと感じたりすることがあるようです。こういった生活刺激から自身を守るために，安心できる物や行動パターンなどのこだわりを作ると考えられますので，刺激を調整できる環境を設定することが保育者の配慮すべき点の1つです。

　また，自閉症のある子どもたちには，身振りや他者の表情から他者の気持ちを読み取ることに困難さがあります。ですので，他者とのかかわりが一方的であったり，他者と興味や関心を共有したりすることに難しさのある場合があります。保育者としては，まず子どもにとって身近な人となり，1対1の個別のかかわりを大切にすることで，人に対して安心してかかわる工夫をしていくことも保育者の役割になります。保育者との関係を基盤として，他者との関係を徐々に広げていく中で，他者とかかわることの楽しさや心地よさが感じられるようにすることを目指していきましょう。例えば，子どもの好きなおもちゃや興味・関心の高い絵本などを保育に取り入れることが挙げられます。

（2）注意欠如・多動症（注意欠陥・多動性障害）

　次はADHD（Attention-Deficit/Hyperactivity Disorder）についてです。文部科学省によると，ADHDとは「年齢あるいは発達に不釣合いな注意力，及び／又は衝動性，多動性を特徴とする行動の障害で，社会的な活動や学業の機能に支障をきたすもの」とされています。また，7歳以前に現れ，その状態が継続し，中枢神経系に何らかの要因による機能不全があると推定されるとしています。ADHDのある子どもには，

表6-2　ADHDの診断基準（DSM-5より筆者が作成）

	不注意	多動性および衝動性
1)	学業，仕事，また他の活動中に，しばしば綿密に注意することができない，または不注意な間違いをする	しばしば手足をそわそわ動かしたりトントン叩いたりする，またはいすの上でもじもじする
2)	課題または遊びの活動中に，しばしば注意を持続することが困難である。	席についていることが求められる場面でしばしば席を離れる
3)	直接話しかけられたときに，しばしば聞いていないように見える	不適切な状況でしばしば走り回ったり高い所へ登ったりする
4)	しばしば指示に従えず，学業，用事，職場での義務をやり遂げることができない	静かに遊んだり余暇活動につくことがしばしばできない
5)	課題や活動を順序立てることがしばしば困難である	しばしば"じっとしていない"，またはまるで"エンジンで動かされているように"行動する
6)	精神的努力の持続を要する課題に従事することをしばしば避ける，嫌う，またはいやいや行う	しばしばしゃべりすぎる
7)	課題や活動に必要なものをしばしばなくしてしまう	しばしば質問が終わる前に出し抜いて答え始めてしまう
8)	しばしば外的な刺激によってすぐ気が散ってしまう	しばしば自分の順番を待つことが困難である
9)	しばしば日々の活動で忘れっぽい	しばしば他人を妨害し，邪魔する

不注意・多動性・衝動性の特徴があり，タイプは3つに分かれます。注意散漫さが目立つ不注意優勢型，衝動性が目立つ多動・衝動優勢型，不注意と多動・衝動の両方ある混合型の3つです。自閉症と重複していることもあることや，大人にもADHDのある人のいることが分かってきました。DSMの診断基準をまとめると，表6-2のようになります。表のうち6つ以上が少なくとも6か月にわたって持続し，園や学校，社会生活に直接著しい影響を与えるものとされます。なお，対象となる年齢も12歳以前になっています。

　ADHDのある子どもに対する具体的配慮点を示します。幼児期のADHDの子どもたちの場合，生まれつきのADHDであることが気づかれないまま，やる気がないようにみられたり，頻繁にトラブルを起こしたりしてしまうため，問題の多い子とみられてしまうことがあります。しかし実際には，子どもなりに先生の話を聞こうとし，友だちと仲良くしようとしています。その子なりに一生懸命やっているのですが，それがなかなか認められないために自信や意欲を失い，自己評価の低下につながっていることがあります。また注意や叱責する大人や友だちに対する反発心が強く表れることもあります。例えば，子ども同士で起こったトラブルの原因をごまかそうとして，保育者や保護者にウソをつくなどしてしまうことがあります。まずはADHDのある子なりに一生懸命に

生活しているところを認めていくことが必要になります。

　ADHDのある子どもの**自己肯定感**を高めていくためにも，得意なところを見つけ，伸ばしていくことも大切です。自分のいいところに気づくことができると，ADHDのある子どもの自信につながっていきます。一方で苦手なところは効果的にサポートしていきましょう。具体的には，自閉症と同じく生活刺激を減らして集中しやすくすることや，スモールステップ，タイマーを用いるなどしたメリハリのある環境などが挙げられます。こういった取り組みの中で，ADHDのある子どものがんばりがみられるときには，タイミングよく褒めて，成功体験を増やしていくようにしましょう。

（3）限局性学習症（限局性学習障害）

　最後にLD（Learning Disability）について述べていきます。LDとは一般に学習障害のことで，文部科学省は「基本的には全般的な知的発達に遅れはないが，**聞く，話す，読む，書く，計算する又は推論する**能力のうち特定のものの習得と使用に著しい困難を示す様々な状態を指すもの」と定義しています。DSMでは限局性学習症（SLD，Specific Learning Disability）とされているように，6つの面のうち1つもしくは複数の面でのみ著しい困難があり，他の面においては大きな問題にはならないということです。欧米ではディスレクシア（読み書き障害）として，一般に知られています。その原因として，他の障害や，環境的な要因が直接の原因となるものではありません。

　LDの原因としては，中枢神経系（脳と脊髄）に何らかの機能障害があると推定され，見る・聞く・感じるしくみである認知機能に偏りがあるといわれています。目や耳の機能に問題はなくても，中枢神経系の働きが十分でないため，情報が正しく処理されないようなのです。目や耳からの情報処理，加えて短期記憶がうまくいかないゆえに生じる状態像には表6-3のような姿があります。

　乳幼児期において，LDは大きな問題になるわけではありません。ただし，見え方・聞こえ方・ワーキングメモリー[1]等の面で困難のある場合には配慮が必要になってきます。特に年長の子どもで，絵本等の文字への興味が育ちにくい子や，数字を数えるなどの数量への関心が薄い子については十分に観察をし，必要であれば小学校との接続の際に伝え，就学後の学習をスムーズにすすむことができるようにしていく必要があります。

　小学校での教育を見据えて，LDの子どもたちに対する具体的な配慮事項を述べておきます。1つに，通常の学び方では理解しにくく，劣等

1）ワーキングメモリー
　様々な課題の遂行中に一時的に必要となる記憶であり，そうした記憶の機能やメカニズム，それを支えている構造のこと。「こころのメモ帳」とも呼ばれる。

表6-3　LDの状態像

目からの情報処理	耳からの情報処理	短期記憶の難しさ
見るべきものに注目する働きの苦手さ ・本を読むのに文字を追えない，行を飛ばす ・よく似た文字を読み間違う ・漢字の細かいところが不正確になる	聞くものに注意が向けられない（選択的注意の難しさ） ・似た音を聞き間違う ・重要でない他の音に注意がそれる ・聞きもらしが起こる	ワーキングメモリーの容量の少なさ ・2つ以上のことを指示されると，とりこぼしがある。 ・さっき聞いたことをすぐに聞き返す。
位置関係を正しく捉える働き ・鏡文字を書き，なかなか直らない ・筆算のけたがずれやすい ・図形の学習が苦手		

感をもちやすい点があります。認知能力のアンバランスさ（内的要因）のために，一般的な学習方法や教材（外的要因）では，理解できないことが多くあります。そのため，周りの子どもたちが理解できているのに，一人どうしてよいのか分からないことに自信をなくしてしまいます。そして，苦手な教科が固定するなど，劣等感をもつようになります。

　こういった時には，**学び方の違い**（Learning Difference）が尊重されないと学校生活はとても苦しいものになります。一般的な学習方法では理解できない場合には，理解できない原因（視覚・聴覚・記憶）を探り，対象となる子どもにとって理解しやすい複数の方法を見つけていくことが重要です。その子にあった指導法や教材を小1・2の頃から見つけていくことにより，自信の喪失や劣等感を抱くなど二次的障害を防ぎます。場合によっては，特別扱いではなく必要な援助として，ICT[2]等を利用し，苦手さを補うことも視野に入れます。また子どもなりに工夫して，何らかの解決方法を見つけていることがあります。その意味では特殊な才能として**ギフテッド**（gifted）とする見方もあります。その子なりの方法を頭から否定することなく，理解しようと寄り添っていく姿勢が必要です。

　また周囲の子どもたちがサポートできるクラス作りは幼児期からも意識したいところです。苦手なことは誰にでもあるので，LDのある子どもの苦手さを受け止める周囲の子どもたちの存在があることは支えになります。逆に，LDのある子も，周囲の子を受け止めていくことで，全体としてクラスの子どもの育ちにつながっていく面があります。間違いを責めることなく，一緒に学ぶ中で達成感が得られるような工夫が教師や保育者に求められるところです。

2) ICT Information and Communication Technologyの略語で，「情報通信技術」のことである。パソコン，タブレットPC，電子黒板などがある。

（4） 発達障害の特性を巡って

　　ここまで主要な発達障害の状態像について述べてきました。ただ保育・教育の場で，保育者にとってよく分からない子どもを発達障害のある子どもとして見てしまう傾向があるようです。その傾向が表れているものとして，**特性**による発達障害理解が挙げられます。特性とは，これまでDSMにある診断基準に書かれていたことであり，各障害に特徴的にみられる行動群です。ですから，その特徴的な行動に当てはまる姿があれば，発達障害かもしれないとみてしまうのでしょう。また，その特性となる行動を抑えるような支援をしていくことになります。

　　一方で発達障害のある子どもたちが生まれながらにもっている特性とは，身体感覚であるという考えが広まってきています[3]。それは痛みや体温に無関心に見えるところであったり，特定の音や触感に反応をしたりするところです。当事者の記述からも発達障害のある子どもたちと私たちとの身体感覚には，顕著な違いがあると考えられます。刺激の感受の仕方が一般の子どもよりも鋭すぎる面や鈍すぎる面があるようです。この側面を障害特性とするならば，発達障害のある子どもたちにはもって生まれた特性があると考えられます。しかし子どもの周囲にいる私たちかかわり手が，その身体感覚を直感的に掴めるわけではなく，私たちが子どもたちを受け止めることに難しさが生まれてきます。その「受け止める－受け止められる」体験の乏しさが，発達障害のある子どもたちの行動面のみならず，心の育ちにも何らかの負の影響が生まれてくる，そこに発達障害の本質があるのではないでしょうか[4]。

[3] 熊谷高幸(2017). 自閉症と感覚過敏―特有な世界はなぜ生まれ，どう支援すべきか？　新曜社

[4] 勝浦眞仁(2016). "共にある"ことを目指す特別支援教育―関係論から発達障碍を問い直す　ナカニシヤ出版

7．病弱（重症心身障害）の子ども・医療的ケアを必要とする子どもの理解と援助

事前課題：発表する準備をしておこう！

> （ア）　医療的ケアの定義はなんでしょうか。
> （イ）　「ケア」という言葉がもともともっている意味はなんでしょうか。
> （ウ）　すべての子どもが遊びを通して成長していくために大切なことはなんでしょうか。

［1］　病弱（重症心身障害）を抱える子ども

　昨今，注目を集めている分野に医療保育があります。日本医療学会では，「医療を要する子どもとその家族を対象として，子どもを医療の主体として捉え，専門的な保育を通して，本人と家族のQOL[1]の向上を目指すことを目的とする」と医療保育を定義しています。病気のある子どもの保育だけでなく，その家族への支援をも含めた役割が保育者に求められています。本節では，病院にいる病棟や外来の子ども，病児に対する保育に視野を広げてみましょう。

　医療を要する子どもとはどんな子どもたちでしょうか。参考になるのは，「病弱教育」と呼ばれる特別支援教育の領域です。病弱とは，医学的な用語ではなく，病気のために継続して医療や生活規制を必要とする状態を示す意味で用いられています。学校教育法施行令第22条の3において，病弱者は，以下のように定義されています。

> （1）　慢性の呼吸器疾患，腎臓疾患および神経疾患，悪性新生物その他の疾患の状態が継続して医療又は生活規制を必要とする程度のもの
> （2）　身体虚弱[2]の状態が継続して生活規制を必要とする程度のもの

　（1）で述べられている，慢性疾患とは，経過の長い病気であって，その原因として先天的または後天的な病気や障害等を指します。具体的には，文部科学省が2013（平成25）年10月に公表した「教育支援資料」

---

[1] QOL（Quality of Life）の概念は，「生活の質」と訳されることが多いのですが，明確な定義はありません。身体的な健康や日常生活における活動の自由度，社会への参加など多層的であり，またその人自身の主観的満足度もかかわってきます。

[2] 身体虚弱とは，病気にかかりやすいため継続して生活規制を必要とする状態を意味する用語です。

(http://www.mext.go.jp/a_menu/shotou/tokubetu/material/1340250.htm）に，病弱教育の対象となる病気の症状や教育上の配慮について掲載されています。そこでは，15個の病気が例示されていますが，ここでは**重症心身障害**を取り上げることとします。重症心身障害を取り上げる理由としては，障害児保育における支援の対象になっており，児童発達支援センターなどの療育の場での保育者による援助が求められているからです。

重症心身障害とは，重度の知的障害と重度の肢体不自由を併せ有する障害です。日本においては，障害児の分類に「大島分類」というものが一般的に使われています[3]。身体を調整する力（座位がとれる，立てるなど）と，知的能力（IQ）がどの程度あるかという2つの軸によって，障害の段階を判定しているものです（図7-1）。大島分類の1から4が重症心身障害とされています。

重症心身障害の子どもの生活は全介助を必要とする場合が多いです。原因は様々ですが，周産期障害（出産の前後の障害），後天性障害（外傷，脳炎など），先天性障害（代謝異常，染色体異常，奇形など）が背景にあり，中枢神経機能の障害を併せ有することが多くあります。

多くの場合，日常的な医療管理を必要としていますが，できるだけ生活上の活動力（呼吸や食事，消化機能など）を高めるとともに，認知機能などの個々のもっている力や日常生活に参加する力，他者とかかわる力，感動する力などを高めるようにすることが必要とされます。昨今は，ICTを活用して，本人自らが操作できるように工夫したり，自らの意思が伝えられたりするような取り組みも行われています。

このような重症心身障害者に対しては，障害の実態を的確に把握し，病棟内，施設内等の学校以外の場でも，その実態に即した適切な対応が求められています。また保育，医療および保健，福祉など多くの専門家と連携・協力していくことが欠かせないといえるでしょう。

重症心身障害について説明してきましたが，慢性疾患を抱える子ども

3）重度の知的障害と重度の肢体不自由が合併した状態を定義づけるために都立府中療育センターの大島一良氏によって考案された分類法「大島分類」があり，福祉施設の中で広く使われています。

ただ，この大島分類は40年以上も前に作られたものであり，現在の状況に合致していないという声もよく聞かれるようになりました。例えば，知的な遅れがなく，自分で歩くこともできるけど，人工呼吸機を必要とする医療的ケアを必要とする子どもは，この分類には当てはまらず，あたかも障害がないということになってしまいます。そのため，遊んだり学んだりという子どもにとっては必要な支援，すなわち，子どもとしての時間を十分にもつことのできない子どもたちが増えてきているのです。

					(IQ)
21	22	23	24	25	80
20	13	14	15	16	70
19	12	7	8	9	50
18	11	6	3	4	35
17	10	5	2	1	20
走れる	歩ける	歩行障害	すわれる	寝たきり	0

図7-1　大島分類

の生活を支える上でも，保育者の役割は大きいといえます。病気を抱える子どものための専門職の1人として，保育者は欠かせない人になりつつあります[4]。さらに視野を広げたい人は，看護師や保護者を知ることにも挑戦してみてください[5]。

［2］ 医療的ケアを必要とする子ども

（1） はじめに

みなさんは『ぼくのおとうとは機械の鼻』という絵本を読んだことはあるでしょうか[6]。この絵本はこれからみなさんが学ぶこととなる「医療的ケア」を必要とする子どもとそのきょうだいがテーマとなっている絵本で，彼らの率直な気持ちを理解することのできる絵本となっています。まずは学修する前に皆さんにも是非とも一読していただきたい絵本です。

（2） 医療的ケアとは何か

そもそも「医療的ケア」とは何を意味するのでしょうか。そして一般的な「医療行為」とは何が違うのでしょうか。講義を受ける前にみなさんで調べてみましょう。もともと「医療的ケア」という言葉が使われ始めたのは医療現場ではなく，教育現場であったことにも注目する必要があります。

「医療的ケア」とは，「日常生活に必要とされる医療的な生活援助行為」とされています。代表的なのは，「呼吸管理に関する医療的ケア」（人工呼吸器や気管切開，痰の吸引など），「栄養管理に関する医療的ケア」（経鼻栄養や胃ろうなど），「排泄に関する医療的ケア」（導尿補助など）が挙げられます。これらを行うためには当然医学的な判断が必要となりますが，医師や看護師にしかできないとなると，子どもが毎日を家で暮らすのは難しくなります。そこで，医師の指導のもと家族が行うことが前提となっているのです。生活援助の側面を強調し，純粋な医療行為とは分けて考えてみようというしくみです。また現在では，特別な訓練を受けることで教師や保育者などもある特定の子どものみに対しての医療的ケアを行うことができるようにもなってきています。

そして「ケア」という言葉のもつ意味にも注意をしてみましょう。ケアには「関心をもつ，気遣う」など

4）日本では国家資格化されていませんが，アメリカ・カナダではチャイルド・ライフ・スペシャリスト（CLS: Child Life Specialist）という資格が，イギリスではホスピタル・プレイ・スペシャリスト（HPS: Hospital Play Specialist）という資格があります。日本でもHPSJや子ども療養支援士という資格をもつ人がいます。医療処置の説明を発達に応じて行うプレパレーションや，子どもの不安を軽減するディストラクションなどの専門性は有用です。興味ある人はぜひ調べてみてください。

5）駒松仁子（2009）．子ども理解を深める　谷川弘治・駒松仁子・松浦和代・夏路瑞恵（編）病気の子どもの心理社会的支援入門［第2版］（pp.9-54）ナカニシヤ出版
渡部千世子（2013）．慢性腎疾患の子どもとその母親・家族の関係発達の諸相―子どもはいかにしてその病気を自らの人生に引き受けるようになるか―　風間書房

6）http://yell-hokkaido.net/1200

『ぼくのおとうとは機械の鼻』
（医療法人稲生会）

の意味もあります。ただ単に世話をする，という意味合いではないことにも目を向けていく必要があります。

（3） 医療的ケアを必要とする子どもたちの背景

「医療的ケア」が注目を浴びるようになったことには，日本における高度な小児医療技術の進歩を大きな理由の1つとして挙げることができます。みなさんは『コウノドリ』というマンガを見たことはありますか？ ドラマにもなったので見たことのある方も多いと思いますが，あの『コウノドリ』で取り上げられていた場がNICU（新生児集中治療室）と呼ばれるものです[7]。1970年代後半から，小児医療技術の飛躍的進歩と各地にNICUが整備されたことなどにより，生まれたばかりの赤ちゃんであっても手術や治療が可能となり，日本では現在亡くなる赤ちゃんは1,000人に1人未満にまで減り，赤ちゃんの死亡率の低さは世界でトップを争うまでになってきています。たとえ数百グラムで生まれてきたとしても成長できるケースも出てきています。ただ，たとえ命を救うことはできても，重い障がいとともに生きる子どもも増えることになりました。子どもの数は減り続けていますが，むしろ医療的ケアを必要とする子どもの数は増え続けているのです。

そもそも医療的ケアを必要とする子どもたちはどのくらいいると思われますか。厚生労働省の研究班による2016年5月現在での診療報酬明細書のデータをもとに導き出した数値によると，0歳から19歳以下で全国に約18,300人，このうち人工呼吸器を装着しているのは約3,000人（18％），4歳以下では約6,000人（36％）いるといわれています。約9,400人だった2005年度の2倍近くになっています（図7-2参照）。

それでは医療的ケアを必要とする子どもたちはどれだけ保育を受けられているのでしょうか。厚労省の調査によると，2017年3月31日現在，全国292の保育園で323人の医療的ケア児の受け入れをしていますが，5

---

[7] NICU（Neonatal Intensive Care Unit：新生児特定集中治療室）とは，生まれたばかりの赤ちゃん（新生児）が医療の助けを必要としているとき，治療のために入る集中治療室のことです。赤ちゃんは一人ずつ保育器の中で酸素や栄養をもらいながら治療を受けます。

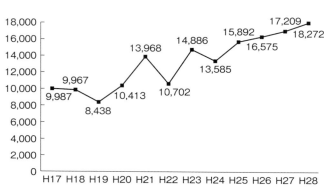

図7-2　医療的ケアを必要とする子どもたちの推移

県では政令指定都市・中核都市含め受入数が0のままだったことが分かります。日本の乳幼児の多くが保育所、または幼稚園に通い集団保育を受けている現状と比較すると、いかに医療的ケアを必要とする子どもたちが幼児教育の機会をもつことができていないか理解できることと思います。「幼稚園に入れようと思ったけど、医療的ケアと伝えただけで断られた」という保護者の声はしばしば耳にします。一口に「医療的ケア児」といっても、元気に走り回れる子もいれば、症状が重い子まで様々です。障がいの有る無しにかかわらず、医療的ケアが必要かどうかにかかわらず、すべての子どもが遊びを通して、成長発達していくことができるような環境を整えていくことが急務といえます。

このような背景のもと、2016年に**児童福祉法**および**障害者総合支援法**が改正され、法律に「医療的ケア児」という文言が明記されたのです[8)][9)]。これらの法改正により、医療的ケアを必要とする子どもを支援することが、自治体の努力義務になってきています。厚労省の調査によると、2017年3月31日現在、保育園には269名の看護師が配置されており、「喀痰吸引等研修」[10)]を受講している保育士も59名いるとの報告があり、少しずつ受け入れ態勢が整ってきていると言えるでしょう。みなさんの地域では、すでに医療的ケアを必要とする子どもたちが保育園や幼稚園に通う姿がみられるでしょうか。是非とも調べてみてほしいと思います。

（4） 医療的ケアを必要とする子どもの保育の具体例

それでは、次に医療的ケアを必要とする子どもたちの保育について具体的にみていきましょう。今回訪問させていただいたのは、札幌の中心部から小樽方面に向かって30分ほどの閑静な住宅街に2016年5月に開設された放課後デイサービス「ばおばぶ」さんです。

この施設には児童発達支援管理者、看護師、保育士、訓練士などがスタッフとして配置されており、1日5名定員で、訪問した際には保育士を含む複数名のスタッフで2人の子どもを支援しています。

遊びを始める前に、まず保育士は数曲童謡を歌いながら子ども一人ひとりの様子を注意深く観察していました。童謡が今日の2人にとって大変心地よく感じられるものと判断し、遊びは**リトミック**へとつながっていきます[11)]。他の2名のスタッフが子どもと一緒に保育士の伴奏に合わせる形で子どもたちの手足を動かしながら一緒にリズムにのっていきます。この遊びには遊びのもつ機能のうち、「**機能あそび**」「**受容あそび**」の2つの側面が組み込まれていることも忘れてはいけません。子どもは様々な遊びの中で、自分の感じたことを表情や身振り、体全体で表現し

8）厚生労働省は、医療的ケア児を「医学の進歩を背景として、NICU等に長期入院した後、引き続き人工呼吸器や胃ろう等を使用し、たんの吸引や経管栄養などの医療的ケアが日常的に必要な障害児のこと」と定義しています。また、障害者総合支援法とは、障がい者の日常生活・社会生活を支えるため、2013（平成25）年4月に施行された法律のことです。障がい者のニーズの変化と児童福祉法の見直しとあわせ、「人工呼吸器を装着している障害児、その他の日常生活を営むために医療を要する状態にある障害児」が支援を受けられるよう、保健、医療、福祉などが連携し、必要な措置を講じるようにということが初めて盛り込まれています（田村、2016）。

田村正徳（2016）. 平成28年度厚生労働科学研究費補助金障害者政策総合研究事業「医療的ケア児に対する実態調査と医療・福祉・保健・教育等の連携に関する研究」の中間報告 平成28年12月13日 埼玉医科大学総合医療センター研究代表者：田村正徳

ボランティアの手による壁面装飾で明るい雰囲気。
写真7-1　ばおばぶの室内

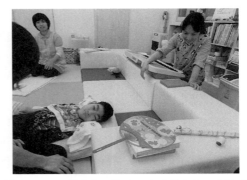

写真7-2　保育士の演奏によるリトミック遊び

9)「障害者の日常生活及び社会生活を総合的に支援するための法律及び児童福祉法の一部を改正する法律案」第五十六条の六第二項「地方公共団体は、人工呼吸器を装着している障害児その他の日常生活を営むために医療を要する状態にある障害児が、その心身の状況に応じた適切な保健、医療、福祉その他の各関連分野の支援を受けられるよう、保健、医療、福祉その他の各関連分野の支援を行う機関との連絡調整を行うための体制の整備に関し、必要な措置を講ずるように努めなければならない。」

10)「喀痰吸引等研修」とは、「たんの吸引（口腔内、鼻腔内、気管カニューレ内部）」と「経管栄養（胃ろう、腸ろう、経鼻経管栄養）」を行える介護職員等を養成するための研修です。基本研修と実地研修に分かれていて、両方修了することで、医師の指示や

ていきます。このような遊びを通しての表現は、周りの人々に自分の感じたことを伝えていくものとして大切であるだけではなく、自分の内面を表出することにもつながっていき、ひいてはこうした遊びを通して保育士と子ども一人ひとりの関係性が築かれていきます。

　そして次は、保育士お手製の魚釣りゲームへと遊びは展開されていきました。この遊びの際にも、まず保育士は他のスタッフの方々と相談した上で、いきなり2名による集団遊びを展開するのではなく、一人ひとりに竿を持ってもらい、十分に一人での遊びを体験する時間を設けていました。しかも先ほどの音楽とのつながりをもたせるよう、歌いながら釣り竿を垂らしていく姿も見られます。写真7-3を見れば分かるように、風船の感触を楽しみ、色の違いや手書きによる魚の一つひとつの表情の違いなどをゆっくりと時間をかけて味わう時間を設けていました。このことが2人での遊びへとスムーズに発展させていくことにつながっています。

　しばし休憩をした後に、スイッチを活用しての演奏へと遊びは展開していきます。「iCareほっかいどう」では一人ひとりの状態に合わせたコミュニケーション支援を活動の中心としていることから、放課後デイにもその経験を十分に活用しています。この遊びにおいても日頃の観察から「表現すること」、特に音楽を通しての自己表現を求めていることに気づき、スイッチなど一人ひとりに合わせた環境設定をすることで、表現の幅を広げることを可能としています。ここに、保育士の遊びを通しての観察から導き出された結果をスイッチ等の環境設定を専門とするスタッフに伝え、子どものもつ可能性を十分に引き出すための道具をスタッフが導き出し、そしてそれを保育士が活用することで新たな遊びが展開される、という多職種連携の姿がみてとれます。このようにそれぞれの専門性を活かすことが、子どもが楽しく成長する時間を生み出すこ

魚がつれて笑顔を見せる姿。
写真7-3　保育士手作りの魚釣りゲーム

写真7-4　スイッチを通して「ぞうさん」の演奏を楽しむ姿

とにつながっていきます。

(5) おわりに

　以上、医療的ケアとは何か、その背景、そして具体的な保育例についてみてきましたが、一番大切なことは、医療的ケアを必要とする子どもたちにおいても、保育者としてすべきことは何ら変わらない、ということです。保育者がすべきことといえば、子ども一人ひとりをしっかり観察し、その興味関心に沿った環境設定を行い、そしてその環境の中で子どもたちが遊びを通して自らのもつ力を十分に伸ばしていく支援をすることにあります。もちろん、その子一人ひとりの病状や配慮事項等を熟知していることは必要なことですが、あくまで身体と心などを分けてある一部分を見るのではなく、子ども全体を見るよう努め、そしてその一人ひとりの内に潜む可能性を花開かせるよう日々子どもと向き合っていくことが求められているのです。是非とも保育を学ぶみなさんに、医療的ケアを必要とする子どもたちが多くいることに気づいてもらい、その子どもたちがみなさんを必要としていることを知ってほしいと思っています。

看護師との連携のもと「たんの吸引」「経管栄養」が実施できるようになります。喀痰吸引等研修は、実施可能な行為と対象者により第1号研修、第2号研修、第3号研修に分けられています。
　第1号・2号研修は不特定多数のご利用者を対象としていて、第3号研修は在宅の重度障がい者に対する喀痰吸引等のように「特定の対象者に対して喀痰吸引等を実施する」ために必要な研修です。保育士はこの第3号研修を受けることができます。

11) リトミックとは、リズムを使って、自分が感じたように自由に表現し、音楽を体感し、想像力や表現力を養い、心と体の調和を作り出す学びの方法の一つです。

8．配慮を必要とする子どもⅠ
（気になる子ども）

事前課題：発表する準備をしておこう！

> （ア）「気になる子」とはどんな子どもですか。
> （イ）「気になる子」の保育が難しいのはどうしてでしょうか。

　ここからは障害の診断はないものの，配慮を必要とする子どもたちについて取り上げていきます。本節では，気になるとされる子どもたちを取り上げ，次節では，家庭環境に配慮の必要な子どもを取り上げます。

　昨今，気になる子どもたちが保育現場にいることが指摘されるようになってきました。気になる子どもについて具体的な定義があるわけではありません。しかし，1クラスの中に4〜6名，気になる子どもがいるという報告や（木原，2006）[1]，富士宮市の「気になる子」プロジェクト・チームの調査（2008）[2]によると，気になる行動をするとされる乳幼児は1〜3歳を中心に，全体の10.38％いるという結果もありました。落ち着きがない，友だちとうまく遊べない，クラスの活動に参加できない，ルールが守れない，会話になりにくいといった姿がクラスの中でみられる子どもが一定数いることが分かります。ここでは気になる子どもを，障害などの診断はついていないものの，**同年齢の子どもと比べて集団活動やコミュニケーション面で特異な行動をとり，保育者が保育していく上で「気になる」と感じる子ども**としておきます。

　気になる子どもについて保育者が難しさを感じていることが2点あります。1点目は，その子の気になる行動の背景や原因を理解することに難しさを感じていることがあります。理解することが難しい理由としては，（ⅰ）診断が早期に確定しない発達障害のあることが挙げられます。実際，乳幼児期では自閉症やADHD，LDの診断は難しく，知的機能についてもグレーゾーンとされる子どもがいます。背景には発達障害があるのかもしれないのですが，はっきりとした根拠のあるわけではないことが理解の難しさにつながっています。次に（ⅱ）家庭環境に難しさがある場合で，保護者の仕事の関係等で，日常生活において十分な生活経験やコミュニケーションをする機会がなく，発達上の問題というより，経験不足が問題になっている場合があります（守，2017）[3]。

　このように様々な背景がありうるのですが，保育者によって気になる

1）木原久美子(2006)．「気になる子」の保育をめぐるコンサルテーションの課題—保育者の問題意識と保育対処の実態を踏まえて— 帝京大学文学部教育学科紀要, 31, 31-39.
2）富士宮市ホームページ（2008）．別冊「気になる子」アンケート調査結果 http://www.city.fujinomiya.lg.jp/sp/municipal_government/llti2b000000rsia-att/llti2b000000s8ab.pdf
3）守 巧 (2017)．気になる子がいるクラスを多面的に捉える—どの子にも居場所のあるクラスを目指して— 発達, 38 (149), 29-34.

ところが誰にとっても同じ中身なのではありません。また園の方針によっては，ある園では気にならない子どもでも，違う園では気になる子どもになる場合があります。一人ひとりの保育者によって，何が「気になる」かが変わってきてしまいます。すると，同僚の先生との共通理解が生まれにくくなってしまい，保育の躓きになりかねません。

　ですから，保育者の省察が欠かせません。どうして「気になる」のかを保育者自身が整理し，自分の保育を見つめ直すことが必要になります。ただし一人で抱え込んでしまうと，視点も狭くなってしまい，気持ちも落ち込んでしまいます。その時には，園長・主任をはじめ同僚の先生に相談してみましょう。よいアドバイスがもらえることでしょう。またチェックリスト（本郷，2006）[4]を活用して，漠然とした不安を具体化していくこともできます。こういった省察や振り返りをしてみると，保育者自身がどんな困り感をもっているのか，子どもにどんな願いをもっているのかに気づいてきます。

　また実際に具体的なエピソードを通して考察を深めていくと，保育者よりも子ども自身が困り感を抱いていることが見えてきます。そして保育者にとって願わしい子どもの姿から逸脱した時に「気になる」という意識が生まれていることに気づきます（鯨岡，2017）[5]。また，保育者の願いとすれ違う子どもの行動は，その子自身の困っている気持ちの表れであるのかもしれません。その子がいまどういう困り感を抱いて，この負の行動にでているかを問うことが保育者に求められています。保育者にとって気になる子どもとしてではなく，子どもの目線に立ってどんな配慮の必要な子どもなのかを把握していくことが大切になります。

　気になる子どもについて保育者が難しく感じている点の2つ目は，クラス運営の難しさです。気になる子どもが複数いるクラスであっても，集団で保育していくことが求められ，気になる子どもだけに対応しているわけにはいきません。複数担任や加配の先生がいる場合には，気になる子どもやクラス全体への対応について，役割分担をしていくことも求められます。加えて，気になる子どもの保護者に園での状況を理解してもらうことが難しく，家庭と連携した保育をしていくことに困難の生まれる場合もあります。こういった問題はすぐに解決できる類いのものではなく，日々の子どもや保護者とかかわりを積み重ね，信頼関係を積み上げていくしかないものです。その上で，まずはクラスにいる保育者間同士で，気になるとされる子どもについてどのような配慮が必要なのか共通理解をしていくことが求められます。また保護者とも連絡を十分にとるようにし，園の活動の中でその子に頑張りがみられたところやその子らしく過ごせたところをみなで共有するようにしていきましょう。

[4] 本郷一夫（編）(2006). 保育の場における「気になる」子どもの理解と対応—特別支援教育への接続— ブレーン出版

[5] 鯨岡 峻(2017). 「気になる子」から「配慮の必要な子」へ 発達, 38 (149), 2-6.

9. 配慮を必要とする子どもⅡ
（母国語・家庭環境）

事前課題：発表する準備をしておこう！

> （ア） 日本語習得に困難のある子どもに対する保育者の役割はどのようなものでしょうか。
> （イ） 家庭環境の厳しい子どもに対する保育者の役割はどのようなものでしょうか。

（1） 日本語習得に困難のある子ども

1）日本保育協会（2009）．保育の国際化に関する調査研究報告書—平成20年度—（pp.4-8）

　日本保育協会（2009）[1]によると，50の自治体の保育所3,397カ所に，13,337名の外国人の子どもたちが入所していることが報告されています。子どもの国籍は67カ国にのぼり，ブラジル・中国・台湾・マカオ等の国籍の子どもが多くいるとされています。また2016（平成28）年度の文部科学省の「日本語指導が必要な児童生徒の受入状況等に関する調査」（図9-1）によると，日本語指導が必要な外国籍の児童生徒数は34,335名，日本語指導等特別な指導を受けている者の数は，26,410名であることも報告されています。ここで「日本語指導が必要な児童生徒」とは，「日本語で日常会話が十分にできない児童生徒」および「日常会話ができても，学年相当の学習言語が不足し，学習活動への参加に支障が生じており，日本語指導が必要な児童生徒」を指します。このように，幼稚園や保育園等で様々な国籍や文化を背景にもつ子どもの存在は

2）http://www.mext.go.jp/b_menu/houdou/29/06/__icsFiles/afieldfile/2017/06/21/1386753.pdf

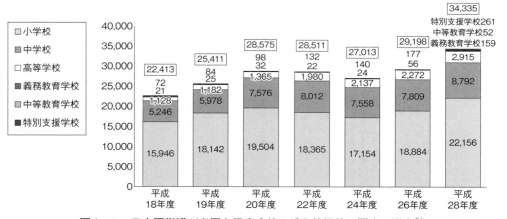

図9-1　日本語指導が必要な児童生徒の受入状況等に関する調査[2]

珍しくなくなりました。言語や習慣が異なる子どもがいること、そしてこうした子どもたちやその保護者への対応が保育者に求められています。

　日本語習得に困難のある子どもの保育にあたって、課題となっていることが3つあるとされています（日暮，2015）[3]。1点目に、国籍が日本ではない子どもの母語の保持と日本語の習得にどう対応するかです。外国籍の子どもの保育を行う時、保育者は日本の文化や園の環境に早く適応させることが必要と考え、日本語の習得に重きを置く傾向があります。その結果、日本語による日常会話には困らなくなったとしても、本来の母語がうまく話せなくなり、家庭でのコミュニケーションが困難になるケースもあります。実際、保護者の子育てに関する一番の不安や悩みは、子どもの日本社会への適応ではなく、母語の教育や母語の文化を学ばせることにあるという報告もあります（多文化子育てネットワーク，2011）[4]。このようなことから、保育者は子どもたちの園生活においては保護者の気持ちにも耳を傾け、また日本への適応に焦ることなく、子どもたちの母語の保持への配慮が求められます。

　2点目は、異文化理解を保育実践へ発展させることに難しさです。具体的には、食事や衣服、しつけ、生活習慣、健康、宗教など習慣の違いへの対応に難しさを感じる保育者がいます。これらの点について、保育者は日本の生活スタイルへの適応を求めてしまうところがあるのですが、宗教上の禁忌や子育て文化の違いから、保護者の要望との間にすれ違いが生まれてしまうことがあります。保育者としては、異文化についてできる限り理解をしていこうと努めていますが、その文化を保育実践の中に取り入れていく保育力が求められます。日本の文化ばかりではなく、クラスに在籍する子どもの国籍の文化的習慣を紹介することも意識し、多文化共生保育に配慮していくことが保育者に求められます。

　最後に、外国にルーツのある子どもが幼稚園や保育園の文化に適応しながら、日本人の子どもたちとどのように関係をつくっていくのか、周囲との関係作りに配慮していくことが保育者に求められるところです。日本人の園児の「国際児（両親が外国籍の子ども）」へのイメージを検討した研究があります（佐藤，2004）[5]。その報告によると、国際児が園のきまりを守らなかった時に、保育者が「NO」や「ダメ」などのマイナス評価のみで対応した結果、その園にいる日本人の園児もその子を「悪い子」として認識してしまい、保育者と同様の対応をとる場合があることが分かりました。つまり、保育者のかかわり方が、子ども同士のかかわり方や関係性に影響を与えるといえます。日本語習得に困難のある子どもたちの園での生活には、保育者のかかわりや態度が大きく働いていることを意識しましょう。

3）日暮トモ子(2015). 多文化共生社会に求められる保育とは—国際化・多文化状況下における保育の課題— 教育と医学, 63（5），21-29.

4）多文化子育てネットワーク（2012）. 第2回多文化子育て調査報告書（pp.16-17）

5）佐藤千瀬(2004). 国際児に対する保育者の捉えと日本人園児の実態のずれ—A幼稚園の3歳児クラスの集団形成過程を通して— 学校教育学研究論集, 10, 1-14.

（２） 家庭環境の厳しい子どもの理解

　家庭環境の厳しい状況にある子どもたちの存在が昨今注目を集めています。ここでは、虐待を受けている子どもたちと貧困の状態にある子どもたちを取り上げます。家庭環境が厳しい状況にあるとしても、子どもの最善の利益を目指して、園の同僚となる先生との協力のみならず、地域の関係機関との連携をしながら、サポートしていくことが必要です。

①虐待を受けている子ども

　児童虐待とは、保護者（ただし血縁関係があるとは限りません）がその養育する児童（18歳に満たない者）に対して、身体的虐待、性的虐待、ネグレクト、心理的虐待を行うことをいいます。2014年の厚生労働省の統計によれば、2013（平成25）年4月から2014（平成26）年3月までの1年間に、虐待により子どもが死亡した虐待死事例は63例（69人）、また、2014年度中に全国の児童相談所での児童虐待に関する相談対応件数は88,931件で過去最多を調査開始から更新し続けています。また虐待を受けている子どもの年齢層としては、0歳から3歳未満が17,479名（19.7％）、3歳から就学前が21,186名（23.8％）、小学生が30,721名（34.5％）いることが報告されています。保育者が家庭環境に目を向け、配慮していく必要性を読み取ることができます。

　児童虐待に対しては少しでも早く発見し対応することが何よりも重要となります。虐待が進むと、子どもに危害が加えられるだけではなく、問題が複雑化したり、さらに親子関係が悪化したりするなど、その後の関係修復が困難となるためです。また子どもの命を守っていくためにも早期発見は欠かせません。保育所等は地域に最も身近な児童福祉施設として、児童虐待を発見しやすい立場にあります。保育者には児童虐待の早期発見に努めるとともに、園の主任や園長に報告・相談し、児童相談所等の専門機関との相談、連携につなげていくことが求められます。一人で抱え込まないことが重要です。

　一方で、虐待が起こらないように未然に防いでいくことが本来求められるところです。地域子育て支援が保育者の役割として強く求められています。その中で最もポイントになるのは、保護者の育児不安を解消していくことです。保護者が子育てで本当に苦しんでいる時に支援の手が差しのべられていれば、虐待に至らずにすむことも多くあります。特に初めて子育てをする若い保護者にとって、自身の気持ちや悩みを話せる場のあることが、多少なりともストレスが緩和されることにつながります。時には関係がなかなかつくりにくい保護者の方もいらっしゃいますが、子育てを見守っていることや、必要な手助けをする態勢があること

などのメッセージを伝え続け，何かあった時に相談できる存在であるように，窓口を開き，粘り強くかかわることが保育者に求められます。また関係機関がネットワークをつくり，児童虐待の発見・見守りを行っていくことの継続も必要です。

②貧困の状態にある子どもの理解と保育者の役割

　厚生労働省が公表した2016年の「国民生活基礎調査」（図9-2）によると，経済的に厳しい家庭で育つ17歳以下の子どもの割合を示す「子どもの貧困率」（2015年時点）は13.9％であり，貧困状態にある子どもは7人に1人とされています。経済協力開発機構（OECD）が2014年にまとめた加盟国など36カ国の平均は13.3％で，日本はそれを上回っている状況です。また，ひとり親世帯の貧困率（2015年）は50.8％と5割を超えている状況にあり，就労しているにもかかわらず，生活に困窮している実態があります。生活に困窮する世帯が抱える課題が，子どもの育ちに影響を及ぼしている可能性のあることが明らかになってきています。ひとり親と低所得家庭は，チャイルドケアが欠如していたり，費用が出せなかったりなど，ケアの質が劣悪にある場合も指摘されています。

　子どもの生活や心身の状況の変化を，様々な場面で気づくことのできる保育者が，子どもの健やかな育ちのために，「子どもの貧困」の過酷な状況を認識し，可能な支援を行うことは重要な取り組みとなります。具体的には，子どもの健康と食の保障は重要な課題です（浅井，2017）[6]。子どもの身体的精神的な健康のチェックと支援のあり方が問われています。また子どもの生活における援助や，人間関係の機会を提供していくことが求められます。家庭ではなかなか経験できなかったことを，保育の場で取り組んでみることも保育者の役割になってきます。地域の中で保育所等が，保護者も安心できる子育て支援の場としての役割を担い，必要な支援を行っていくことも求められています。

6）浅井春夫(2017). 保育と子どもの貧困 発達，38（151），13-18.

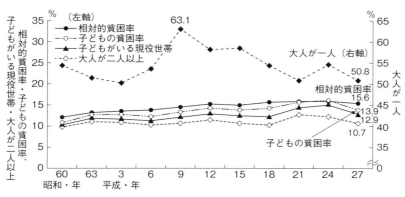

図9-2　貧困率の年次推移（平成28年国民生活基礎調査より）

第2章

共に育つ保育・教育のかたち
―インクルージョンの観点から―

1. 障害児保育の歴史的変遷
—分離保育・統合保育—

事前課題：発表する準備をしておこう！

> （ア） 分離保育とはどのような保育ですか。
> （イ） 統合保育とはどのような保育ですか。

　本章では，障害児保育の歴史的変遷を振り返り，これからの障害児保育のあり方を展望していくことにします。学んでいく上でポイントになるのは，①どのような保育のかたちであったのか，②障害のある子どもの保育に対して，保育者や保護者がどんな思い（願い）をもっていたのか，という2点です。この2点をしっかりと考えていくことで，現在の障害児保育，またこれからの**インクルージョン**に向けた保育をよりよく理解することにつながってきます。

　障害のある子どもの保育は当初，分離保育のかたちをとっていました。それが統合保育という保育のかたちに変わってくるまでのプロセスをまず追っていくことにしましょう。

（1） 分離保育

　分離保育とは，障害のある子どもと障害のない子どもを別の場で保育していくことで，障害のない子どものみを集団で保育していく一方で，障害のある子どもは家庭や療育の場での個別保育を行うようにしていました（図1-1）。障害のある子どもは集団での保育に入ることができない時代があったのです。

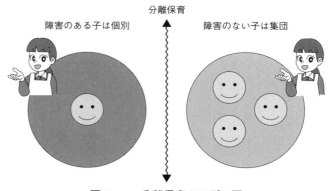

図1-1　分離保育のモデル図

障害のある子どもを保育した先駆けとなったのは，1938年の恩賜財団愛育会愛育研究所での「異常児保育室」による保育実践です。記録から当時の異常児とは，主に重い知的障害のある子どもたちや言語発達に遅れのある子どもたちであったと考えられます。愛育研究所で行われていた保育とは，障害のある子どもの困難やニーズに即した作業・遊びを中心とする多様な活動であり，できるだけ生活に関連性のあるテーマや活動が選定されていました。そして個別のかかわりを積み上げていく中で，子どもたちが見通しをもって遊び・作業に取り組むことができる保育が生み出されてきました。加えて記録からは保育者間での共通理解の難しさなど，現在の障害児保育につながる内容も多々含まれています。

　戦後となり，1947年に制定された児童福祉法で，障害児の利用できる児童福祉施設として「精神薄弱児施設（現在の知的障害児施設）」と「療育施設」が位置づけられることになりました。ただし戦後の混乱もあり，障害のある乳幼児に対する保育には手が届いていませんでした。

　「**療育**」については第3章でも述べられていますが，もともとは，肢体不自由児の社会的自立を目指すチームアプローチを意味しており，高木憲次が提唱しました。「現代の科学を総動員して不自由な肢体をできるだけ克服し，それによって幸いにも復活した肢体の能力そのものをできるだけ有効に活用させ，以って自活の途の立つように育成させること」[1]と定義されています。

　その後，高松鶴吉は療育の対象を障害のある子どもすべてに拡大するとともに，「注意深く特別に設定された特殊な子育て，育つ力を育てる努力」を療育としました。現在では，障害の確定していない子どもであっても，療育の対象となる子どもになっており，発達支援を要する子どもたちに対して，対象児の能力改善という狭義の発達支援のみならず，子ども自身の自尊心や自己アイデンティティを育てること，および，育てにくさを感じる保護者の育児支援や家族支援，また障害があっても育ちやすい，暮らしやすい地域の支援までをも包含した概念になっています。療育の具体例としては，日常生活における基本的動作の指導や集団生活での適応訓練を行うといったことが挙げられます。障害者基本法第17条においても療育が初めて言及され，「国及び地方公共団体は，障害者である子どもが可能な限りその身近な場所において療育その他これに関連する支援をうけられるような必要な施策を講じなければならない」としています。

　このように，障害のある乳幼児に対する療育が大切であるという認識が現在においてより広まってきています。しかし，分離保育の行われていた時代では，障害のある幼児を抱える家庭にあっては，療育の場が子

1）高松鶴吉（1995）．療育とはなにか　ぶどう社

どもを保育する唯一の場であったのです。社会的になかなか居場所を見出せない状況にあったことから，1952年に知的障害児の親の会である「精神薄弱児親の会（手をつなぐ育成会）」が結成され，入所だけでなく自宅から通うことができる通園制の療育施設（精神薄弱児通園施設，現在の児童発達支援センター）が設置されるようになりました。しかしその施設には「満6歳以上」という入所制限があり，障害の重さや通学の困難などによって，義務教育への就学免除や就学猶予を適用された子どもを対象としていました。実はこの当時，障害のある子どもたちの中には，学校教育からもれる子がおり，義務教育ではなかったのでした。

　このため，障害のある幼児のほとんどは，集団保育を全く受けることができず，家庭の中での生活のみを余儀なくされていたのでした。こういった状況を改善するため，1972年に「心身障害児通園事業」が事業化され，障害のある幼児を対象に地域での療育が実施されるようになりました。対象年齢が引き下げられたのですが，重い障害のある子が中心のため，軽い障害のある子どもは毎日通えず，その保護者の不満が溜まっていたのでした。

　こういった国の動きの中で，障害のある子どもたちを受け入れていこうとする幼稚園や保育園の動きとともに，自主的な親子グループの活動がみられるようになりました。例えば1962年の北九州市幼稚園「いずみの園」では，発達遅滞の幼児を受け入れていこうとしました。また1968年には，小金井市で手をつなぐ親の会による自主保育（ピノキオ幼児園）が行われていました。

　またこの動きは市町村にも広がっていきます。1973年に早期発見・早期療育をスローガンとして掲げた滋賀県大津市の取り組みは広く知られています。希望するすべての障害児（当時は75名）の保育所への入所を認める大津方式をとり，統合保育の先駆けとなりました。

　そして1974年に「**障害児保育事業実施要綱**」が出されたことによって障害児保育が制度化され，障害のある幼児と障害のない幼児との統合保育が全国的に取り組まれることとなりました。また私立幼稚園においても，「心身障害児幼稚園助成事業補助金交付要綱」が実施され，障害のある子どもを受け入れた園には補助金が出されることになりました。統合保育の具体的な内容については（2）で述べることとします。

　ここまで分離保育について述べてきましたが，分離保育自体に問題があるというわけではありません。愛育研究所の保育実践や療育においても示したように，障害のある子ども一人ひとりの状態像に応じて保育することは必要ですし，集団での保育に参加していくためのステップになることもあります。しかし，障害のある子どもの保育が分離保育の形態

のみをとっていた時代であったために，地域の子どもたちとの交流が生まれづらく，保護者の不満が募っていったと考えられます。

　また保護者，特に母親の不満としてあったのは，障害のある子どもをもつという理由で仕事を辞めるか，子どもを療育施設に入所させるかのどちらかに迫られていたことです。実際，入所先がない場合には，家庭で我が子をみることになります。また障害のある乳幼児をもつ母親は仕事をせずに子育てに専念すべきであるという，社会の暗黙の圧力もあったのかもしれません。現在においては，障害のある子どもがいるという理由で保護者が仕事を辞める必要はなく，保育所等をはじめとして社会的資源によるサポートを受けることができます。しかし重い障害のある子どもや医療的ケア児など，個別に手厚くサポートする必要のある子どもについては，保護者が付きっきりでみなければならず，負担の大きくなる場合も指摘されています。障害のある子どもをもつ保護者の支援については，検討する課題は今も多くあります。

　ここまでの議論から，分離保育を超えて，保育の場で障害のある子どもも周囲の子どもと共に育っていってほしいという，保護者や保育者の願いから統合保育が生まれてきたのでした。

（2）統合保育

　統合保育とは，分離していた障害のある子どもと健常な子どもとを一緒に保育していくことです。統合保育の統合はインテグレーションともいい，障害のある人とない人を分離するのではなくて，統合していくことが目指されてきました。

　1974年の「障害児保育事業実施要綱」により，全国の保育所で統合保育としての障害児保育が実施されることとなりました。この要綱によると，対象幼児は保育に欠ける3歳以上の知的障害，身体障害などを有する子どもでした。原則として，障害の程度が軽く，集団保育が可能で，毎日通所できる子に限定されていました。障害のある子どもの生活を援助する**加配保育士**を置くことも明示され，障害児4名に対して1名の保育士をつけることができました。

　ただし加配の人数は実施主体の市町村の裁量によるもので，現在は障害のある子ども3人または2人に1人の保育士がつくことが多くあります。場合によっては，障害の診断はなくとも配慮を必要とする子どもがいる場合には加配を置くところもあります。担任だけでなく，加配の保育士の目と手が増えることにより，障害のある子どもの様々な状況に気づき，そこから園の状況に応じた柔軟な対応が可能になってきました。一方で，人件費が必要になるため，自治体の状況や園の経営によっては

加配を置くこと自体が厳しくなる場合もありました。国や県からの補助はあるものの，配慮の必要性が認められる子どものいる園に優先的に加配の保育士が割り当てられることに現在でもなっています。

　ここで注意しておきたいことは，加配の保育者は配慮を必要とする子どもの専属の先生ではないことです。加配の保育者がかかわる中心となるのは，たしかに配慮を必要とする子どもなのですが，その子が所属している集団，クラスの先生であるという意識をもつことも必要です。支援児ばかりにかかわってしまうと，周囲の子どもたちとのかかわりが乏しくなってしまい，後で述べるような育ち合いを妨げることになりかねません。支援児を時には見守り，過度にかかわらないことが大事になります。

　保育者をモデルとして，周囲の子どもたちは支援児にかかわっていくわけですから，加配の保育者にはクラスの先生の一人であるという意識を強くもつことが求められます。第6章で述べる合理的配慮と基礎的環境整備においても，支援する人の必要性が述べられています。そこでは支援児への配慮が役割のように見えてしまう面もあるのかもしれませんが，これからも支援児だけの保育者ではないことに留意して，援助や支援のあり方を考えていく必要があるといえるでしょう。それは担任の先生のみならず，園長・主任も含めて園全体で理解されるべきことです。また担任となる保育者からしても，支援児を加配の先生に任せておけばよいという意識をもつことがないようにしなくてはなりません。支援児もクラスの子どもたちの1人なのです。

　試行的に始まった障害児保育でしたが，ひとまず軽度の障害のある子どもが中心で，中度・重度の子どもは対象外でした。しかし，1978年の「保育所における障害児の受け入れについて」という通知により，対象

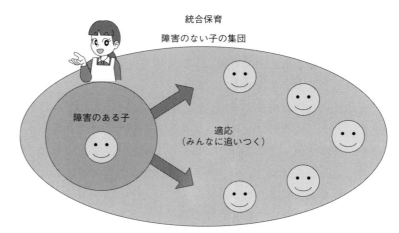

図1-2　統合保育のモデル図

幼児の年齢制限がなくなり，障害の程度は中度までに変更されました。その結果，障害児保育の対象となる子どもが大幅に増加し，加配保育士も増えました。このようにして，今日の保育所における障害児保育の制度の基本的な枠組みが作られてきたといえます。

こういった流れの中で，島根県安来市では，1982年から公立保育園で重度・重複障害をもつ子どもを受け入れ始めました。（公立保育園の）「線引きによってはみ出す子どもをつくるのではなく，すべての子どもを制度のなかに受け入れ，そこで支援を受けられる」制度をつくり，実践していきました。保育者と保護者，また地域の人たちが手を取り合って，障害の重さや有無にかかわらず，育てていこうとする姿勢には私たちの見習うべきものが多くあります。後に述べる，保育におけるノーマライゼーション，インクルージョンを考える上で我が国の端緒となる実践であったといえます[2]。

2）鯨岡 峻・安来市公立保育所保育士会（編）（2005）．障碍児保育・30年—子どもたちと歩んだ安来市公立保育所の軌跡　ミネルヴァ書房

現在の障害児保育においても，統合保育が行われている市町村や園は多くあります。ただ，統合保育の限界も徐々に見えてきました。一つには，幼稚園・保育園はもともと定型発達の子どもを主な対象としてきたところがあります。障害のない子どもの集団があって，そこに障害のある子どもを受け入れていくことになっていたのです。そのため，障害のない子どもを対象とした活動や環境設定がなされていました。すると，障害のある子どもはその活動についていくこと，園の環境に慣れていくことをはじめとして，様々な場面で適応していくことが求められるようになったのでした。

集団や保育の場に適応していくために，加配の先生がつきすぎてしまうこともありました。またみんなに追いつくことをあまりに強調しすぎてしまい，発達の促進を目指して，ただ訓練的なかかわりになってしまったところもありました。本来はすべての子どもが園での生活や遊びの中で，その子らしく過ごすことが目指されるべきなのですが，適応に重点が置かれすぎてしまうところに統合保育の問題点がありました。その背景には，障害のある子ども，障害のない子どもという区別が保育者の意識の中にあり，多数派である障害のない子どもの活動に合わせていた面があったことが否めません。

しかしながら，統合保育をすることにより，対象となる子どもだけでなく，その周囲の子どもたち，また保育者や保護者に様々な成長を生み出していったこともまたたしかです。

障害のある子どもたちにとっては，幼児同士のかかわりを通して，自分で解決する力を育てることにつながっていきました。集団生活を過ごしていると，色々な問題に直面することもたしかですが，周囲の子ども

の手助けや保育者の配慮を通して，自分で解決する力が育てられる面がありました。さらに，幼児同士の生活を通して，成長に応じた社会性を育てられる面もありました。実際の生活場面で，周囲の子どもたちとトラブルになるときもあるのですが，どうすれば一緒に仲良く暮らせるのか，遊べるのかを知る機会になっていきました。

　また，障害のある子どもの周りにいる子どもたちにとっても，障害のある子どもが同じ集団の中にいることによって，ありのままのその子を自然に受け入れる機会になり，障害があることに対する違和感をもたなくなることにつながっていきました。みなさんは日常生活で障害のある人と接する機会がどれほどあるでしょうか。ボランティア等に行かない限り，出会うことは少ないかもしれません。今後，交流等がさらに推し進められることと思いますが，保育所・幼稚園で自然に出会うことを通して，子ども同士がお互いを知り合う機会になってきます。保育者はその「橋渡し役」として友だち関係を援助することが必要です。

　また，周りの子どもたちも障害のある子どもに対する手助けを身につけ，思いやりの心の芽生えにもつながってきます。幼児期の段階から，困っている人を助けるとうれしいという，思いやりの心が育つきっかけになります。ですので，支援を必要とする子どもに，どの程度どのように手助けするか，その見本を保育者が見せることが大事です。

　最後に統合保育を通して，保育者や保護者の成長につながってきた面は強調しておきたいところです。支援を必要とする子どもがいるクラスを保育者が受け持ったとき，なかなかうまくいかず試行錯誤することがあるでしょう。時には苛立ちを感じてしまうこともあるかもしれません。そのとき，保育者自身の保育のあり方を見つめ直す機会が生まれてきます。つまり，「いま，目の前にいるこの子がどうしたら保育の場で暮らしやすくなるか」を考えることにつながってきます。この思案を巡らせるところに，保育の幅の広がりが生まれてきます。それは，支援の対象となる子どもの保育にダイレクトに結びついてくるとともに，今後出会うかもしれない支援を必要とする子どもたちの保育にもつながってきます。また保護者や，同僚である保育者と子どもを育てる苦労や楽しさを共有できる経験となります。このような過程の中に，保育者としてやりがいや成長が必ずや生まれてくることでしょう。

　このように障害児を保育の場で受け入れることによって生まれたプラスの側面を継承しながら，マイナスの側面を課題として見据え，障害児保育はインクルーシブな保育の時代へと，いま進みつつあります。次節では障害児保育の現状をおさえていくことにしましょう。

2. 障害児保育の現状

事前課題：発表する準備をしておこう！

> インクルーシブ保育とはどのような保育ですか。

　ここまで分離保育から統合保育までの歴史的変遷を振り返ってきましたが，国際的には**ノーマライゼーション**の考え方が広まってきていました。ノーマライゼーションとは，障害のある人もそうでない人も，お互いが特別に区別されることなく，等しく生きる権利を有し，生活を共にするのが正常な社会のあり方という考え方です。障害に限らず，高齢者やLGBTなど社会的マイノリティの人たちも広く含まれます。これは，1950年代のデンマークで知的障害のある子どもをもつ親たちの会による行動から生まれたものでした。

　当時のデンマークでは，知的障害のある子どもの多くは，障害児の施設に入所し，多くの人たちが生活する地域から隔離された状態での生活を余儀なくされていました。入所児の親たちは，家族であるのに一緒に住むことができないことや大きな施設で管理的に処遇されていることなどに，疑念と批判を募らせていました。この親たちの思いに共感したバンク－ミケルセンがノーマライゼーションの理念を提唱し，障害のある人たちを隔離するような社会は異常であり，一般の人々と同じように普通の生活ができることを目指したのでした。このノーマライゼーションの理念は，1960年代にスウェーデンのニリエによってノーマライゼーションの原理として展開され，北欧を中心に広まっていきました。日本には1970年代後半にかけて注目されはじめ，1981年の国際障害年をきっかけに認知されはじめました。

　障害のある人もそうでない人も，お互いが特別に区別されることなく，生活を共にするのが正常な社会，本来の望ましい姿であるという考え方は，統合保育とは違う立場にあることを示唆します。ノーマライゼーションの理念のもとに，エクスクルージョン（排除）に対峙する概念として**インクルージョン**（包摂）という概念が提唱されました。

　インクルージョンとは，障害のある子どもも障害のない子どもも，そもそも社会のなかに「含まれている」という考え方で，1994年のサマランカ声明においてキーワードとなったものでした。**特別なニーズ教育**と

して，個別のニーズに対応する活動の必要性が表明されました。つまり，障害の有無にかかわらず，すべての子どもの特別な教育的ニーズに応えていく保育，これがいま広まりつつある**インクルーシブ保育**です。それまでのインテグレーション（統合化）やメインストリーミング（主流化）の理念に変わって用いられるようになってきました。

　これは障害のある子どもに限った話ではありません。第1章でみてきたように保育の場で配慮が必要なのは，障害のある子どもばかりではなくなっている現状があります。気になる子どもや，外国にルーツのある子ども，家庭環境に厳しい状況のある子どもたちが保育の場にいるわけです。保育者の配慮を要する子どもの範囲が広がってきています。

　また多様な子どもたちがいることからしても，保育の場は定型発達の子どもたちの集団に合わせることを目的としたものではなくなってきています。統合保育においては，定型発達児・者の集団に障害児を適応させることが目的になっていた面もあり，訓練的なかかわりをしていた面もありました。しかし，多様な子どもたちの存在，これを**ダイバーシティ**ともいいますが，保育の場にいる子どもの多様性が明らかになったことにより，一人ひとりに対する教育的ニーズに目を向け，それぞれの子どもがその子らしく園で過ごしているかどうかが問われるようになってきました。これがインクルージョンの観点であり，この観点から保育を考えていくことが保育者の根本になってきています。インクルーシブ保育の対象は，障害のある子どもだけでなく，外国籍の子ども，病弱の子ども，貧困の子ども，定型発達の子どもなどを含んでいます。

　このインクルーシブ保育をモデル化したものが図2-1になります。前節の図1-1や図1-2と比べても分かるように，障害のある・なしという区別がなくなり，多様な背景をもつ子どもたちの集団であることが読み取れると思います。また，その多様にいる子どもたちの一人ひとり

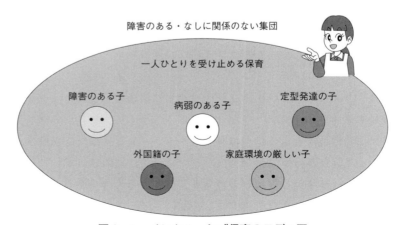

図2-1　インクルーシブ保育のモデル図

の教育的ニーズを受け止めていこうとするところにも，障害の子どもの集団の活動を主とする統合保育との違いも分かるのではないでしょうか。文部科学省においても，**インクルーシブ教育システム**を推進していく動きがあります。これについては，第6章で述べることにします。

研修等でこの話をすると，いま現場で働いている保育者の皆さんも，インクルーシブ保育を目指す気持ちが大いにあり，その理念には賛同する方が多くいることが分かります。しかし，インクルーシブな保育を実践していくとなると，難しい問題が様々に起こってきて，なかなか実践することが叶わない面もあります。その課題を具体的に述べると，以下の3点に集約することができるでしょう。

> ① 保育者の手の廻らないことが生まれてくる。最終的には個別の対応になってしまうため，人手が必要になる。
> ② 保育者の専門性がより求められることになる。他職種との連携や研修の充実が必要になる。
> ③ 保育自体のかたちを根本から考え直すことが必要になる。

それぞれについて詳しく述べていくことにします。

一人ひとりの子どもを受け止めることは保育の基本です。ですから，いま働いている保育者もすべての子どもたちに配慮しながら，園での生活を構成していきます。しかしながら，やはり一人では限界があります。加配の先生をはじめとして，園長や主任，フリーの先生の手助けが欠かせなくなります。できるだけ多くの目による見守りとともに，個別の必要な援助を行っていく必要があるといえるでしょう。となった時に，園での協力体制がいかに構築されているかは，インクルーシブ保育を実践していく上で，重要な課題になってきます。

また2点目として，医療的ケア児や気になる子といわれる，配慮の必要な子どもに対応していくことを考えると，医療・看護・保健・行政等との連携は欠かせませんし，療育の場としての児童発達支援センターとの協働も必要になってきます。こういった連携をしていく上で，保育者がどのように専門性を発揮していくのかが問われることになります。保育者は配慮を必要とする子どもたちと日々の生活の中でかかわり，その子の発達や興味，関心のあることなど，その子と生活を共にするからこそ理解できていることがあります。それを関連する機関に伝え，協力する体制をつくっていくことができます。ですから，保育者だからこそ語ることができる子ども理解があり，それをしっかりと言語化していくことが課題になるといえるでしょう。そのためにも，保育者として配慮を

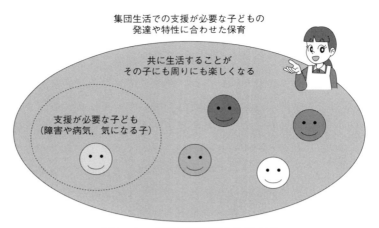

図2-2　特別支援保育のモデル図

要する子どもに対応するための研修を充実させていく必要があります。

　3点目にインクルージョンの視点からいえば，子どもも保育者も保護者もダイバーシティの一人になります。また年齢の違う子どもたちとも共に生活していく場になります。となれば，年齢によって子どもたちを区切るのではなく，保育自体のかたち（環境構成，年齢構成，保育者の構え）を根本から考え直すことが必要になります。そこには，園の願いが伝わる環境設定，例えばユニバーサルデザインであったり，多様な遊びこめる環境であったりなどが求められることになります。また異年齢保育の日常化も考えられます。こういった園の方針を決め，職場の同僚と共通理解をして保育を進めていくという課題もあります。

　インクルーシブ保育は現状として，まだまだ課題も多くあるといえます。統合保育を乗り越えていく過渡期のいまにおいて，現時点では「**特別支援保育**」（図2-2参照）が，保育の場の実態に即していると考えられます。特別支援保育とは，集団生活での支援が必要な子どもの発達や特性に合わせた保育であり，共に生活することがその子にも周りにも楽しくなる保育を目指しています。そこでは障害や支援の有無で区別しているわけではないのですが，保育していく上では支援が必要な子どもとして捉え，援助をする時に丁寧にかかわっていくことが求められます。

　特別支援保育という言葉を使っている園や自治体もありますが，まだ一般に広まっている概念ではありません。しかし障害児保育の現状を表すには，適した言葉と考えられます。もちろん地域差等もあり，配慮を要する子どもの多い地域もあるのですが，それぞれの子どもの困り感に応じた配慮をしていこうとする，インクルーシブ保育や特別支援保育が今後の障害児保育の進んでいく方向であるといえます。

3．ソーシャル・インクルージョンとは何か

事前学習：発表する準備をしておこう！

（ア）　ソーシャル・インクルージョンの定義はなんでしょうか。
（イ）　誰もが生涯学習ができていると感じますか。
（ウ）　誰もが社会にかかわるために必要なことはなんでしょうか。

（1）　はじめに

『ミッフィー』などの作品で知られているディック・ブルーナーの絵本『ろってちゃん』をご存知でしょうか。ボール遊びをしている友だちのところに車椅子に乗った女の子ろってがやってくるというお話です。友だちの双子は気乗りのしないものの、いざボール遊びを始めてみると、ろっての上手なことに驚きすっかり仲良くなって翌日も遊ぶ約束をして別れるというお話です。みなさんも普段の生活のなかで、ろってちゃんのように車いすに乗っている子どもなど、色々な障がいや重い病気とともに生きる子どもたちと接する機会があることと思います。この節ではこうした子どもたちが十分に遊びや学びの世界に参加することができているのかを考えてみたいと思います。

『ろってちゃん』（福音館書店）

（2）　誰もが学ぶことのできる社会とは

みなさんは「いつでも」「どこでも」「だれでも」という3つの言葉を聞いたことがあるでしょうか。これは1992年の生涯学習審議会の答申内にみられる言葉で「**生涯学習**」を表す標語となっています。

みなさんはすでに学校で生涯学習に関して学んでいるでしょうか[1]。この答申では「人々が、生涯のいつでも、自由に学習機会を選択し、学ぶことができ、その成果が適切に評価されるような社会」を目指すことが謳われています。しかしながら、みなさんは今の日本において「いつでも」「どこでも」「だれでも」学ぶことのできる社会になってきていると思われるでしょうか。現在日本での様々な遊びを含む学びをみた時に、どうしてもその標語からかけ離れた世界があるように感じるので

1）生涯学習とは、学校において行われている学習のみならず、地域・社会で行われている学習をも含んだ包括的な概念で、1965年にパリのユネスコ本部の成人教育国際委員会において、ポール・ラングランが提唱したものです。生まれてから死ぬまでの生涯の各時期における教育を関連づける垂直統合（時間的統合）と、あらゆる教育的機関を関連づける水平統合（空間的統合）を包含する理念ともいえます。

す。

　医療的ケアの節においても述べたように,「だれもが」と謳っている生涯学習の対象者が限定されているのではないか,と感じませんか。実際には「生涯学習をするかしないかを自分で自由に選ぶことのできる人」のみを対象としているのではないでしょうか。そこに本来含まれるべき,重い障がいのある方々や長期にわたり入院していたり,在宅ケアを受けておられたりする方々の姿が学びの世界の中にみえてこないのです。

　義務教育を除いて,生涯学習を実践するかどうかは個人の自由ですし,強制されるべきものではありません。ただ,「幼稚園や保育園に行きたい！」という参加する意思がありながらも日本のインフラの未整備により,ある特定の人々しか学び受けることができなく,その他の人々が学びを行えないのであれば,制度上の欠陥が生涯学習を阻害していることになり,問題として取り上げていかなければならないと思います。

(3)「ソーシャル・インクルージョン」ってどういう意味？

　ところで,みなさんは「ソーシャル・インクルージョン（Social Inclusion）」という言葉を耳にされたことはありますか。ソーシャル・インクルージョンとは決して新しい考え方ではなく,1970年代にフランスの社会学者によって,ある特定の人々や地域が直面する複雑な問題を解明するために使用されたことが初めです。その後,欧州連合およびイギリス政府によって採用されたことにより世界中に広まった考え方です。特にイギリスにおいては,1997年に労働党政権になって以来,「ソーシャル・インクルージョン」が当時のブレア政権における重要な主軸の一つとなっていました。

　それでは,なぜ当時のイギリスにおいて「ソーシャル・インクルージョン」が重要視されていたのでしょうか。その理由として,ブレア首相が頼りにしていた社会学者アンソニー・ギデンズの考え方に影響を受けたことによるといわれています。彼は『第三の道（The Third Way）』の中で,平等を包含（inclusion）,不平等を排除（exclusion）と定義しています。この包含の意味は,機会を与えること,そして公共の場に参加する権利を保障することをも意味していて,教育,医療,保育などのサービスを受ける権利を万人に保障し,学校教育の脱落などの「排除」をできるだけ防ぐことが「ソーシャル・インクルージョン」の根幹をなしていると考えられています。ブレア元首相が政府の優先事項として「教育,教育,教育である！」と述べたように,市民の一人ひとりに十分な教育を施すことによって,与えられた機会を十分に活かす可

能性を平等に与えていこうとする考え方であり，公平で心ゆたかな社会を築く基盤となると考えられています。

例えば，北海道旭川市では「バリアフリーおもちゃ博 in 旭川」というものが毎年秋に開催されています[2]。バリアフリーおもちゃ博とは，たくさんのおもちゃ，障がい者スポーツ，音楽，絵本などの遊びを通して，障がいの有無にかかわらず，市民全体で夢や感動，優しさなどを体感できる場を通し，誰もが社会とかかわりをもって生きていくことについて考えようとするイベントで，毎年約10,000人の参加者があり，筆者も実行委員会の一人としてこの活動にかかわっています。みなさんの地域にも，こうしたソーシャル・インクルージョンを考えるイベントが開催されていないか調べてみてはいかがでしょうか。きっと身近なところで色々なことが行われているに違いありません。

また，図3-1のようなサインをみなさんは見たことがありますか？

これらは「**共遊玩具**」といって，一般社団法人日本玩具協会が推奨している視覚障がいや聴覚障がいとともにある子どもたちも遊ぶことのできる玩具を示しているサインです[3]。目が不自由な子どもたちは，見る代わりに，触った感覚や音などを手がかりにして遊んでいるため，その工夫が盛り込まれています。また，耳が不自由な子どもたちへは，特に音が遊びの中で重要な位置を占めている場合，音と同時に，光，振動，動き，文字，絵などの要素で遊びを盛り上げるように工夫されたりしています。みなさんも子ども時代，おもちゃで遊ぶことが大好きだったはずです。こうした工夫も，障がいとともにある子どもたちがおもちゃを通して社会とかかわりをもつためには必要となってきます。

他にも，このバギーマークは将来保育者になられるみなさん方には是非とも知っておいてほしいと思います[4]。

子ども用車いす，通称バギーは普通のベビーカーに間違われやすく，電車やバスなどの公共交通機関や施設，または商業施設などを利用する

2）バリアフリーおもちゃ博に関しては以下のFacebookページをご覧ください。
https://www.facebook.com/barrierfreeomochahaku/

3）共遊玩具については，一般社団法人日本玩具協会のHPをご覧ください。
http://www.toys.or.jp/jigyou_kyoyuu_top.html

4）バギーマークに関しては，マムミニョンペッシュのHPをご覧ください。
http://buggymark.jp/

図3-1　共遊玩具マーク

図3-2　バギーマーク

時には，子ども用車いすの存在を知らない人が多いがため，車いすと同じ対応をしてもらえることが少ない現状があります。歩行はもちろん，首すら座っていない子どもたちを車いすから降ろし，折り畳むように言われてしまうことが多いようです。

そうした不自由さを，バギーマークを付けることで少しでも知ってもらえれば，障がいのある子どもたちもバギーに乗ってお出かけしようという気持ちになり，社会参加の機会が増えていきます。このサインは重症心身障がいのお子さんをおもちの札幌市内のお母さんが発案し，重度心身障がい児を育て在宅介護をしているお母さんたちによってすべて手作りされています。こうしたサインは今回紹介したもの以外にも身近なところにたくさん存在しています。誰もが社会にかかわって生きていくため，みなさんたちには是非とも他のサインを探してもらえると嬉しく思います。

（4）　重い障がいの子どもたちに遊びをもたらす―「ヘレン経堂」

それでは，今まで保育になかなか触れることのできなかった子どもたちに，遊びを届けようと奮闘している団体をご紹介したいと思います。東京の認証NPO法人フローレンスは「みんなで子どもたちを抱きしめ，子育てとともに何でも挑戦でき，いろんな家族の笑顔があふれる社会」を目指し，病児保育や障がい児保育事業を都内で展開しています[5]。具体的には2014年に東京都杉並区で日本初の医療的ケアの必要な子や重症心身障がい児の長時間保育を実施する「障害児保育園ヘレン」を開園し，2015年には自宅でマンツーマン保育をする「障害児訪問保育アニー」を開始しています。

今回は2017年に開設された「ヘレン経堂」を訪問させていただきました。定員は重症心身障がい児5名，その他が10名の15名となっており，常勤のスタッフとしては保育士5名，看護師3名，PT2名，OT2名（系列5園を巡回）が中心となりパートや送迎スタッフなどもいます。ここでは重い障がいがあり医療的ケアが必要な子ども向けに保育を提供しており，看護師による医療的ケア，保育士やOT/PTによる遊びを通して発達を促す療育プログラムなどを提供しています。施設面においては，写真を見ても分かるように特に一般の保育園とは変わらず，ただ一つ違うのは経管用のレールがたくさんあるくらいです。この子どもたちの真剣な表情，そして笑顔を見ていただければ，どんな状況にある子どもたちにも遊びが必要なことが一目で理解していただけると思います。

5）認証NPO法人フローレンスに関しては，以下のHPをご覧ください。
https://florence.or.jp/

写真3-1　ヘレン経堂の様子

　この保育園での1日の流れは表3-1のようになっています。週案を必ず作成し，その際に個別配慮を含めています。今どこの部分を伸ばしていきたいか，育てていきたいかを多職種連携の中で探っていきます。流れとしては，保護者からの個別シートによる情報から実態把握表を作成し，その後個別支援計画書へとつなげていきます。年2回の見直しを必ずしており，短期目標に関しては，次のモニタリングまでを目標としています。リハビリ評価表やナースからの情報なども加味していくそうです。

　ヘレン経堂の目指す支援は，一人ひとりの子どもが自分らしく，主体的に生きていくための支援，一人ひとりの自立のあり方を考え，子どもの実現できる可能性を広げることを目的としています。また，集団遊びの中で個々の実態を活かす支援にも取り組んでおり，集団活動の中に一人ひとりが「できていること」を取り入れることで，達成感や自己肯定感をはぐくむことを大切にしています。特に今人気の遊びはローラーブレードを使用した遊びということで，手が使えれば参加でき，重症心身障害の子どもたちにとっては，うつ伏せの状態で排痰が促されることもあるため，とても楽しんでいる光景が見られました。またこの保育園は，世田谷区立子ども・子育て総合センターの中にあるため，一時預かりの子どもとも時折触れ合う機会があるなど，インクルーシブな環境にあるともいえます。

（5）おわりに

　以上，ソーシャル・インクルージョンのあり方についてみてきましたが，いかにすべての人々と社会がかかわれるのか，ということを念頭において活動するこ

表3-1　ヘレン経堂での1日の流れ

8：00～10：00	登園
10：40	朝の会
11：00	今日の活動
11：30	昼食
13：00	午睡
15：00	おやつ
17：00～18：30	降園

写真3-2　ヘレン経堂の遊びの様子

との大切さを確認することができたのではないでしょうか。生涯学習における大切な考え方の一つに「統合」があったことを思い出してほしいと思います。すなわち，生涯学習で目指したものは一生涯の継続した学びとどのような状況に一人ひとりがあっても学び続けることができる社会であったはずです。多様な学習機会を提供することが生涯学習社会の目指すべきあり方であるならば，個人の多様性ある生き方を損ねないための環境整備や，一人ひとりの成長発達を保障し生活の質を高めていく取り組みが，今日本に求められているのだと思います。

　障がいや重い病気とともにある子どもたちの「自分はここにいるよ！」という心の声に耳を傾けること，その上で自分に今何ができるのか，を考えることからみなさんも始めてみませんか。「すべての子どもに遊びを届けること」，これが保育者の大切な使命の一つだと考えています。

第3章

共に育つ保育・教育のための支援計画

1. 個別の支援計画Ⅰ―個別の教育支援計画―

事前課題：発表する準備をしておこう！

（ア）　個別の教育支援計画とは，どのようなものですか。
（イ）　個別の教育支援計画を策定する上で留意すべきことは何ですか。
（ウ）　個別の教育支援計画と個別の指導計画の違いは何ですか。

（1）　特別の支援を必要とする子どもたちの保育・教育を進める上での計画

　子どもたちにとって適切な支援は，健やかな成長につながります。特別の支援を必要とする子どもたちの成長には，より適切な支援の工夫が必要となります。その子にとってどのような「場面」で，どのような「内容」の支援が必要なのか，またどの「程度」必要とするのかを明らかにすることが大切です。
　支援を必要とする場面，内容，程度などを明確にし，**複数の保育者・教師がチームとして協力して支援をするためにも**計画や記録が重要となります。

（2）　「個別の教育支援計画」とは

　「個別の教育支援計画」は，障害のある子ども（配慮を必要とする子ども含む）を適切に支援するための**ツール**（道具）です。
　障害のある子どもたちが，地域社会に参加し，地域の中で豊かに生活を送るためには一人ひとりのニーズに応じた適切な支援が必要となります。
　個別の教育支援計画は，障害のある子どもたちが豊かな社会生活を送ることができるよう，その子の生涯を視野に入れた計画でなくてはなりません。また，その子どもの全体を捉えた生活全般の計画であるため，関係機関と連携して支援の役割を分担する際に活用するという大切な側面があります。

（3） 保育所保育指針より

保育所保育指針では，障害のある子どもの保育の計画を作成・活用することについて，以下のように示されています（下線は筆者による）。

> 障害のある子どもの保育については，<u>一人一人の子どもの発達過程や障害の状況を把握</u>し，適切な環境の下で，障害のある子どもが他の子どもと<u>生活を通して共に成長できるよう，指導計画の中に位置づけること</u>。また，子どもの状況に応じた保育を実施する観点から，<u>家庭や関係機関と連携した支援のための計画</u>を個別に作成するなど適切な対応を図ること。
> （保育所保育指針，第1章総則，3保育の計画及び評価より）

（4） 「個別の教育支援計画」と「個別の指導計画」の違い

「個別の教育支援計画」と「個別の指導計画」は言葉が似ていますが，基本的には異なるものです。両計画のポイントについて表1-1に示します。

（5） 個別の教育支援計画に記述される内容

「個別の教育支援計画」の様式は決められているわけではありません。それぞれの市町村や園・学校の実情に応じた様式となっている場合が多いと思われます。ただし，個別の教育支援計画作成上，必要となる項目や内容には共通する点がありますので表1-2（p.80）に示します[1]。

なお，個別の教育支援計画はチームで作成・策定する必要があります。担当保育者・教師一人で作成するのではなく，保育者（教師）・保

1) 個別の教育支援計画の例は表1-3（p.81）を参照。

表1-1　個別の教育支援計画と個別の指導計画

個別の教育支援計画	・一人ひとりのニーズに応じた支援のために策定 ・関係機関（園，家庭，医療機関，教育機関等）と連携してチームで策定 ・各機関の支援内容，担当者，役割分担を明確化 ・生涯にわたる支援につなげる（就学時・進学時・卒業時等の移行期にも活用） ・実態，ニーズ（願い），支援目標（長期，短期），関係機関等を記述
個別の指導計画	・一人ひとりの保育・教育を充実させるために作成 ・保育課程・教育課程に基づき作成 ・複数の保育者・教師と連携してチームで作成 ・個別の教育支援計画の目標等を踏まえて作成 ・目標，指導内容，指導方法（手立て），配慮事項等を記述

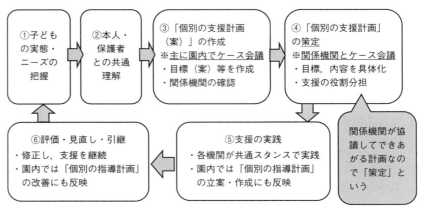

図1-1 「個別の教育支援計画」策定・活用の流れ

護者・医療機関・福祉機関・教育機関などの関係機関と情報共有を図り，ケース会議を通して作成・策定することが大切です。

個別の教育支援計画は図1-1に示すプロセスで策定・活用が進みます。

（6） 個別の教育支援計画活用上の留意点

①保護者との連携

保護者との連携は計画を策定・活用する上で必要不可欠です。すべての場面において保護者の了承を得て支援を進める必要があります。計画の当事者は「子どもと保護者」です。保育者・教師の一方的な思いで支援や計画を進めてはなりません。「子ども・保護者が主体」であることを常に意識して活用を進めましょう。

②関係機関との連携

関係機関と連携する上で，ケース会議を上手に活用することが大切です。保育者・教師が自ら積極的に関係機関と連絡をとることで，連携が密になり，支援の輪が広がります。保育者・教師は関係者同士をつなぐ**架け橋**になることが重要な役割となります。

関係機関の専門職と連携する際，保育者・教師は助言を受ける立場に陥りやすいことがあります。保育者・教師も保育・教育の専門職です。子どもの生活を最も身近でみている専門職として，自信をもって子どもの情報を提供するように心がけましょう。関係機関同士がお互いを尊重し合うことにより，互いの専門性を取り入れたよい支援の方策がみえてくることがあります。

関係機関と支援の方策を検討する際に，支援計画で共有した目標や役割分担に基づき，共通のスタンスで支援を進める必要があります。専門職の得意分野を生かすことから具体的な支援方法が違う場合があります

が，ねらいや目標等の支援の方向性は共通理解しておくことが重要です。

③計画の引継ぎ

適切な支援を継続するためには引き継ぎが重要となります。特に就学時の引き継ぎは配慮が必要です。小学校等就学後も子どもには豊かな学校生活を送ってもらいたいものです。そのために，早い時期から教育機関と情報共有を行い，ともに支援計画を活用していくことが大切です。

④計画書の管理

個別の教育支援計画は子どもの貴重な個人情報です。個人情報保護の観点から取り扱いには十分注意する必要があります。保管場所や閲覧方法について保育所として明確なルールを定め，厳重に管理することが大切です。例えば，鍵のかかる保管庫に収納する，管理責任者を定めておく，などが必要となります。また，パソコンでデータとして作成している場合は，インターネット経由で情報が流出することがないように，外部メモリでの情報の持ち出しを禁じるなどの取り決めが必要です。

保育の専門家である保育者として，「愛情を注いで保育している子どもの不利益となる行動は絶対にしない」という信条が，個人情報を保護する上で最も大切となります。

表1-2　個別の教育支援計画に記述される項目，内容等

項目	内容・留意点
実態	○障害の状態（障害が疑われる場合は，本人の困難な状況） ○手帳（療育手帳，身体障害者手帳）の内容 ○成育歴の概要 　・出生体重，出産時異常の有無，始歩・始語の時期など ○子どもの現在の状態（発達段階） 　・運動発達，基本的生活習慣，言葉の発達，文字・数への関心，人間関係や社会性の発達など 　・得意なこと，興味のあることなど 　・できること，難しいことの内容，場面など 　※家庭と保育所でできることが違う場合（逆も同様に）がある ○乳幼児健診の所見 　・1歳6か月・3歳児健康診査の状況など ○現在受けている支援内容 　・関係機関による支援の内容（場所，内容，頻度など） 　・かかりつけ医療機関 　・地域への参加状況（地域での生活の様子） 　・その他（保護者が受けている支援など）
願い	○本人・保護者の願い（ニーズ） 　・生活を豊かに送る上で必要な願い 　・将来を見通し，自立と社会参加を進める上で必要な願い 　※保護者の思い（子どもや子育てに対して）を十分に理解しておくとよい→保育者の一方的な支援とならないように注意
支援目標	○支援における目標 　・長期目標（約1年程度），短期（数か月程度）を設定 　※以下の①～③を踏まえた目標を設定するとよい 　　①本人・保護者のニーズに応じていること 　　②関係機関が共有できること 　　③現在の状況・これまでの育ちを踏まえていること 　※具体的な目標（可能であれば数量で表現）とするとよい 　※目標が複数になる場合は，最優先事項を明確にするとよい
内容	○支援の内容・支援策（目標達成のための手立て） 　・具体的な支援内容・方策の整理 　・担当機関，担当者名など 　※他児との関係を踏まえた内容であるとよい
評価・引継	○支援の評価（成果） 　・実施した支援内容，支援策を評価 　※支援が適切であったかを具体的な評価で振り返るとよい 　・支援者間での共有 　※機関ごと，支援の妥当性について評価ができるとよい 　・次の支援者への引継内容（次の目標・内容・方策）の整理

（渡邉（2010）[2]，森（2015）[3]を参考に筆者が作成）

2) 渡邉健治（2010）．幼稚園・保育園等における手引書「個別の（教育）支援計画」の作成・活用（pp.10-22）　ジアース教育新社
3) 森　俊之（2015）．個別の支援計画　西村重稀・水田敏郎（編）　障害児保育（pp.128-138）　中央法規

表1-3 個別の教育支援計画 例

本人	かな	○○ ○○	性別	年齢	生年月日
	氏名	○○ ○○	男	5	○年○月○日

家族 保護者	名前（続柄）	□□（父），◇◇（母），△△（姉），▽▽（祖母）		
	住所	A市 B町1-1	電話	##-####

在籍園	園名	A市立■■保育園	園長	◆◆
	住所	A市 B町2-2	主任	▲▲
	電話	##-####	担任	●●

本人の状況（実態）

・自閉症スペクトラム（○歳○ヵ月にC病院にて診断），療育手帳なし
・走ることが好きで，落ち着いて席に座っていることが難しい。

現在受けている支援の内容，家庭・地域生活の様子

・D発達センターにて言語訓練（月2回）を受けている。
・家では生活リズムが乱れがち。日中は近所の友だちと公園で遊ぶことがある。

本人・保護者の願い（ニーズ）

・友だちと一緒に落ち着いて行動できるようになってほしい。
・先生の話を聞いて，自分から活動に取り組めるようになってほしい。

支援の目標（長期）	・半分の時間，座って活動に参加できる。
支援の目標（短期）	・保育者の指示を聞いて席に戻ることができる。

支援の内容

園	支援内容	・席に座って行う作業的な活動を多く実施する。 ・絵カードを活用して指示を伝えるようにする。			
家庭	支援内容	・起床，就寝等の生活リズムを整える。 ・絵カードを使用して食事や入浴などに誘導する。			
療育機関	支援機関名	D発達センター	担当者	★★	電話 ####
	支援内容	・言葉の発音の訓練を行う（言語訓練）。（月2回） ・訓練は椅子に座った状態で行う。			
教育機関	支援機関名	E小学校	担当者	☆☆	電話 ####
	支援内容	・就学について保護者の意向を確認する。 ・就学にあたり，教室など適切な環境を整える。			
	支援機関名		担当者		電話
	支援内容				

支援会議記録	日時	参加者	協議内容等の記録
	5/1	◇◇, ●● ★★	・3か月に1回，ケース会議を行う。 ・目標に基づき，各機関で支援を継続。
	8/10	◇◇, ●● ▲▲, ☆☆	・保育園や発達センターでの様子をE小学校担当者が参観。（2か月に1回）

支援内容の評価と引継

・保育者の言葉がけを聞いて，活動に戻ってくることができるようになった。
・就学に向けて，椅子に座っていられる時間を延ばしていく必要がある。

作成日　○年　○月○○日　〈新規・更新（2回）〉

（渡邉（2010）[2]）を参考に筆者が作成）

2．個別の支援計画Ⅱ―個別の指導計画―

事前課題：発表する準備をしておこう！

> （ア）　個別の指導計画とは，どのようなものですか。
> （イ）　個別の指導計画を作成する上で留意すべきことは何ですか。
> （ウ）　個別の指導計画と個別の教育支援計画の違いは何ですか。

（1）　個別の指導計画とは

　個別の指導計画は，**園や学校での指導にかかわる計画**です。その子どものニーズに合わせた指導を展開する上での**具体的な内容，方法，手立ての工夫等**を明確に示すことが個別の指導計画では求められます。

　個別の指導計画は，個別の教育支援計画とリンクさせる必要があります。個別の教育支援計画策定時の役割分担において，園や学校での支援目標として設定された部分について，具体化させたものが個別の指導計画となります。

（2）　チーム体制での個別の指導計画づくり

　個別の指導計画は，障害のある子ども（配慮を必要とする子ども含む）一人ひとりに合わせて個別に作成することが求められており，その子どものニーズに合わせて保育・教育内容を検討することが重要となります。

　個別の指導計画を作成するにあたっては，園や学校の中で担任保育者・教師だけでなく，複数の職員でチームとして作成することが大切です。園内・校内で子どもを指導する職員のチームによるケース会議を経たのちに，合意形成を図って作成することが，その子どものニーズに合わせた個別の指導計画の作成へとつながります。必要に応じて地域の児童発達支援センター職員や特別支援学校教員等，外部からの助言を活用することで，より適切で具体的な指導方法や手立ての工夫が進みます。個別の指導計画作成には保護者の参加も必要不可欠です。園や学校と同じ方向で学びを深められるよう家庭でも活用できる計画とすることで，より一層，園や学校と家庭が一体となって子どもの学習を支えることにつながります。

（3） 観察と記録を進める上での留意点

　計画を立てる上では，子どもの実態を把握するための観察が必要不可欠です。観察をする際には，観察ポイントを明確にすることが重要です。例えば，動きの多さなどの行動に着目したり，午前中の様子などの時間帯に着目したりするなど，観察するポイントを絞ることで，チームである他の保育者からも情報を得られやすくなります。

　正しい情報を集めるためには，保育者は気になったその場で記録することが有効です。タイムリーに記録するためにも，さっとメモを残しておき，控室に戻った際に記録としてまとめるようにするとよいでしょう。

　保育所保育指針にもあるように，他児との生活を通してかかわり合いの中で成長しあうように計画をする必要があります。子ども同士がかかわり合うためにも保育者が媒介となることが有効です。どのような「場面」で，どのような「内容」の支援をどの「程度」してみたのかを確認し，その「結果」子どもの行動として何がみられたのかを記録しておくと，より適切な支援方法（手立て）を探るヒントがみえてきます。

　一定の期間，複数の保育者からの記録が集まると，子どもの行動特徴やパターンがみえてくることがあります。それらに応じて活動内容や環境構成を検討していくことで，より実行力のある計画になるでしょう。

（4） 指導計画作成上の留意点

　保育所保育指針，第1章総則，3保育の計画及び評価，（2）指導計画作成，（ア）では，「長期的な指導計画」と「短期的な指導計画」として，大きく2種類の指導計画の作成を求めています。保育所保育指針が求める2種類の指導計画作成上の留意点，保育所における計画の実際を表2-1にまとめます。

（5） 指導計画の活用の留意点

　保育を進める上で，「指導計画に基づく保育の見直しを行い，改善を図る」必要があります（保育所保育指針第1章3（3）参照）。また，「保育の計画や記録を通して自らの保育を振り返ること」，「自己評価を通して専門性の向上や保育実践の改善に努めること」が求められています（同，第1章3（4）参照）。つまり，指導計画は図2-1のようにPDCAサイクルで活用を進めることが求められています。

　P（Plan）：実態把握に基づいて指導計画を立てる
　D（Do）：指導計画に基づいて保育を実施する

表2-1 指導計画の種類と保育所における実際

種類	保育所保育指針 (2017) より	保育所において作成する計画および記入内容等
長期的な指導計画	・具体的な保育が適切に展開されるようにすること ・子どもの生活や発達を見通した計画とすること	①年間指導計画 ・担任保育者全員で話し合い、年齢ごとや個別に作成 ・1年を4期（春夏秋冬など）に分けて計画を作成 ・「ねらい」、「内容」、「保育者のかかわり・環境構成」などを記入 ②月単位の指導計画（月案） ・年間指導計画を基にして、クラスごとや個別に作成 ・子どもの姿を踏まえて月の目標を設定 ・時期的な特徴、月の行事などを考慮して計画 ・月の終わりに反省・評価をし、次月に生かす
短期的な指導計画	・長期計画に関連させること ・より具体的な子どもの日々の生活に即した計画とすること	③週単位の指導計画（週案） ・月案を踏まえ、週の目標等を具体化して記入 ・「○○遊び」、「○○の製作」など具体的な内容を記入 ・必要な「物的環境（活動環境、用具等）」、「人的環境（人員配置、役割分担等）」を具体的に記入 ・週の保育実践を反省・評価し、次週に生かす ④1日単位の指導計画（日案） ・週案を踏まえてその日の活動に応じた内容を記入 ・登園から降園までの時間軸に沿って具体的に記入 　※保育日誌に日案の要素を加えている保育所もある

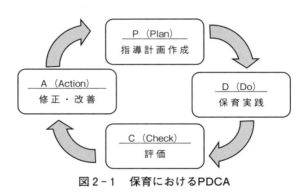

図2-1 保育におけるPDCA

　　C（Check）：実施した保育内容について評価する
　　A（Action）：課題となったことを修正・改善して次の計画に生かす

（6）指導計画を評価する上での留意点

指導計画を評価する上で、以下の2点について適切であったかどうか評価するとよいでしょう。
①子どもたちの育ちなどのねらいは達成できたか
　・達成度（どの程度できたか）
　　※一人で達成、保育者の支援を受けて達成　など
　・手立て（どういった支援があればできたか）
②指導計画通りに保育が実施できたか
　・物的環境（活動環境、材料、用具、時間　など）

・人的環境（人員配置，役割分担，指導方法　など）

表 2-2　個別の指導計画　例

○歳児　○○組　名前（○○　○○）			担当（△△）
子どもの姿		・友だちとかけっこを楽しむようになってきた。 ・思いがけないことが起こると興奮するが，15分程度で気持ちを立て直すことができる。	
保護者の願い		・友だちとたくさん遊んでほしい。 ・毎日楽しく園に通ってほしい。	
長期の目標（年間）		・友だちを誘っておもちゃで遊ぶ。 ・急な予定変更に対しても落ち着いて行動する。	
短期の目標（期）		・友だちを誘う言葉を覚えて保育者と一緒に伝える。 ・毎日スケジュール表を自分で作る。	
	期の目標	手立て	評価・反省
基本的生活習慣	・ボタンのある服の着替えが自分でできるようになる。	・指先を使って遊ぶ機会を多く設定する。 ・少しずつ補助を減らし，自分でできる部分を広げる。	◎保育者が服をもって支える援助をすることで，ボタンをはめることができるようになった。
遊びの様子	・友だちが遊んでいる内容に関心をもち，友だちの輪に入っていこうとする。	・魅力的な素材や遊びを用意して，友だちの中に入りやすくする。	◎友だちが使っているおもちゃや用具を見るなど，関心をもつようになった。
人とのかかわり	・友だちを誘う言葉を保育者と一緒に伝える。	・一緒に遊びながら保育者がコミュニケーションのモデルとなる。 ・場に応じた言葉や行動ができた時には大いに褒める。	◎友だちを誘う表現ができるようになった。 ▲時に不適切な言葉が出るため，適切な表現の仕方を伝える必要がある。
その他	・見本を基にスケジュール表を自分で作る。	・登園前に見本を用意する。 ・急な予定変更は色枠で囲い，注目しやすいようにする。	◎スケジュール表を作ることで，自分から次の行動に移ることができるようになってきた。
家庭	・プラレール，積み木を使って母と遊ぶ。	・テレビ視聴時間を見直し，親子で一緒におもちゃを使って遊ぶ時間を設ける。	◎自分からプラレールをもってきて母に「あそぼう」と誘うようになってきた。（母からの情報）

（酒井・田中（2013）[1]を参考に筆者が改変）

1) 酒井幸子・田中康夫（2013）．発達が気になる子の個別の指導計画　学研

3．児童発達支援センターの役割・連携

事前課題：発表する準備をしておこう！

> （ア）障害児通所支援にはどのような種類があるでしょうか。それぞれの内容について調べてみましょう。
> （イ）児童発達支援センターが保育所や幼稚園と異なっているのはどのような部分でしょうか。
> （ウ）児童発達支援センターにおける子どもとの遊びでは，保育者はどのようなことに配慮しているでしょうか。

（1）児童発達支援センターの概要

児童発達支援センターは児童福祉法に定められた障害児通所支援のための施設です。2012（平成24）年に児童福祉法が改正され，それまで知的障害や難聴など，障害種別によって分かれていた施設体系が一元化されました（図3-1）。

児童発達支援センターの中でも，比較的規模の小さなものを児童発達支援事業所と呼び，現在は公立の施設だけでなく，民間の事業所も各地に増えています。児童発達支援の中でも医療的な機能が付加されているものを医療型児童発達支援といいます。医療型児童発達支援は脳性まひ

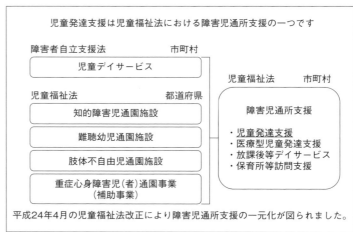

図3-1　障害児通所支援の種類（厚生労働省による資料を参考に作成）

やダウン症の乳幼児など，より医療的な介入が必要な子どもが利用することが多いです。現在，障害児通所支援に関する事業には児童発達支援の他に，放課後等デイサービスと保育所等訪問支援があります。詳しくは表3-1を見てください。

児童発達支援は就学前の乳幼児が対象です。一方，放課後等デイサービスは就学後から18歳までを対象としています。両方の認可を受けている施設もあります。保育所等訪問支援は日常の集団生活の様子を観察できるという利点がありますが，保護者や訪問先の園との連携が求められます。訪問による支援のニーズは今後増加していくと考えられています。

児童発達支援センターは「障害児通所支援」を行う施設ですが，通所している子どもたちすべてに何らかの医学的診断が付いているわけではありません。診断の有無にかかわらず，子育てや集団生活の中で，子ど

表3-1　障害児通所支援（療育または発達支援）の種類と内容

種類	内容
児童発達支援（医療型を含む）	就学前の乳幼児が対象。親子で通園する施設と送迎サービスを利用して子どもだけで通園する施設がある。保育所や幼稚園と併用する場合も多い。個別療育や小集団でのグループ療育が行われている。子どもへの支援だけでなく，保護者面談など家族への支援も積極的に行っている。
放課後等デイサービス	就学後から18歳までが対象。送迎サービスを利用して子どもだけで通園する施設が多い。小学生の利用が多いが，中高生の支援に特化した施設もある。小集団でのグループ療育を通してコミュニケーション面への支援に力を入れている施設が多い。
保育所等訪問支援	児童発達支援や放課後等デイサービスの利用が困難な場合（交通手段がない，近くに利用できる施設がないなど）に，子どもの通っている保育所や幼稚園，小学校等を施設の職員が訪問して支援を行う。子どもへの直接的な支援だけではなく，担任とのカンファレンスなどを通した間接的な支援も含まれる。

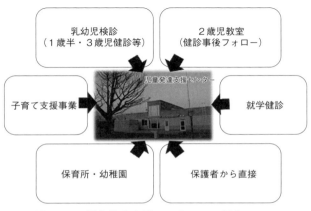

図3-2　児童発達支援センターへの紹介ルート

第3章　共に育つ保育・教育のための支援計画

もの発達に何か気になることや心配なことがあり，通所している場合が多くあります。乳幼児健診等で医師や保健師から通所を勧められる場合もあれば，保育所や幼稚園の先生から勧められる場合などもあります（図3-2）。また，保護者が自ら相談を希望する場合もあります。

（2） 児童発達支援センターにおける支援の内容

児童発達支援センターが保育所や幼稚園と異なっているのは主に次の2点でしょう。1点目は親子で一緒に通所することを基本にしていることです。つまり，療育に携わる保育者は子どもとのかかわりのみならず，常に保護者とのかかわりも求められるということです。2点目は集団だけではなく個別療育の時間が手厚く設定されていることです（図3-3）。個別療育は，子どもと1対1で遊びを中心としたプログラムを提供する時間で，概ね1時間程度の時間枠で実施している施設が多いようです。個別療育は保護者も一緒に参加する場合もあれば，親子分離で行われることもあります。集団療育の時間もありますが，保育所や幼稚園と異なり，児童発達支援センターでの集団療育は多くても7〜8名程度の小集団で実施されることがほとんどです。おやつや昼食の時間も含めて，個別療育よりも長めの時間設定で行う施設が多いようです。通所の頻度は週2回や1回など，親子のニーズに応じて決められます。

図3-4に示したように，施設によっては兄弟姉妹のための託児室が設けられていることがあります。通所している子どものみならず，その兄弟姉妹の育ちにも目を向け，家族を丸ごと支援することを大切にしているからです。それが保護者の安心感や子育てへのエネルギーにもつながっていくことでしょう。

ある施設の1週間の流れ（児童発達支援・放課後等デイサービス）					
	AM		PM		
月	幼児グループ		個別	個別	学童グループ①
火	個別	個別	個別	個別	学童グループ②
水	個別	個別	個別	個別	学童グループ③
木	個別	個別	個別	個別	個別
	専門支援・研修・定例会議				
金	幼児グループ		個別	個別	個別

※親子で通園する日と子どもだけで通園する日の両方が設定されている施設もあります。
※利用頻度は子どもによって様々です（サービス等利用計画に基づきます）。

図3-3　ある児童発達支援事業所の療育スケジュール

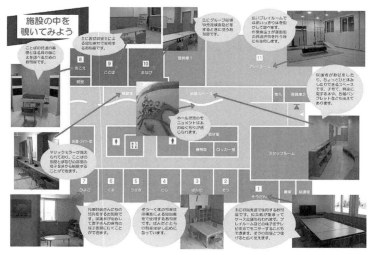

図3-4　ある児童発達支援事業所のフロアマップ

写真3-1　感覚統合遊具
（吊り下げ遊具）

写真3-2　手作りのボール

　療育のプログラムが遊びを中心に構成されていることは保育と変わりませんが，詳しい発達のアセスメントや本人や保護者の願いを盛り込んだ計画に基づきながら遊びの内容を考えていきます。

　例えば，手先が不器用な子どもがいるとします。園の中でも折り紙などの制作活動をスムーズに行うことができません。角と角を合わせて折るなどの，折り紙を折るための基本的なスキルをまだ獲得できていないとしましょう。このような場合，療育において手先を使う活動（例えば，豆をつまむ，洗濯バサミをつまむなど）を繰り返し訓練的に行えば，それで十分なのでしょうか。

　手先が上手に使えない子どもは姿勢を保持することや体全体のバランス感覚，眼球をスムーズに動かすことや左右の手を協調させて動かすことなど，土台となる基礎的な感覚運動機能が十分に育っていないことがあります。写真3-1と写真3-2に示したような遊具や玩具を用いることによって，例えばスイングに揺られながらボールを少し離れたかごに投げ入れるなどの遊びを構成することができます（写真3-3）。大切な

第3章　共に育つ保育・教育のための支援計画　　89

写真3-3　感覚統合遊具を用いた遊びの様子

写真3-4　紙コップ積み

1) この方法をスモールステップと呼びます。ある活動を行うために必要な力を細かいステップに分けて、子どもにとって易しいものから難しいものへと段階的にステップを踏んでいくという考え方です。発達にあまり心配がない子どもの場合、スモールステップをあまり意識しなくても、発達の階段を上がっていけることが多いものですが、障害や何らかの発達上の心配がある子どもの場合、活動の中に補助的な階段を設定し、小さなことでも達成感をもちながら遊びを楽しんでいけるような工夫が必要なのです（図3-5）。

ことは、子ども自身が思わずやってみたくなるような遊びを、いかにさりげなく自然な文脈の中で用意できるかということでしょう。それらの遊びに子どもが自ら主体的に取り組み、楽しんでいるうちに自然と手先の使い方の土台になる体全体の発達が促されていくということが大切です。遊びの難易度を子どもの発達段階や興味に合わせて徐々に変化させていくことも重要です[1]。

写真3-4は紙コップを積木のように積み上げていく遊びです。コップが積み上がっていくにつれて土台が不安定になってきますので、よりそっと積むことが求められます。手先が器用に使えない子どもの中には力加減がうまくできない場合があります。達成感が目に見えるわかりやすい遊びの中で、力のコントロールを自然に体感できる、シンプルですが奥深い遊びです。大きな壁のように積み上げることができたら、最後は遠くからスポンジボールを投げて倒すなどの遊びも楽しめます。積むこと自体が遊びになり、遊びの結果がまた次の遊びになるというように、コミュニケーションが苦手な子どもでも取り組みやすい遊びの一つです。できるだけ身近で手に入りやすい素材を用いて教材や教具を工夫することで、同じような遊びを家庭でも行うことができるという利点があります。

児童発達支援センターでは親子で遊ぶ時間を大切にしています。保護者を巻き込んで遊びを展開していくことで、保護者自身もまた遊びの作り手になり、子どもとのやりとりに手応えを感じることがで

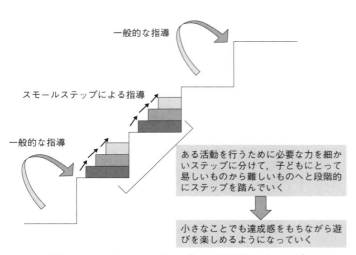

図3-5　スモールステップによる指導のイメージ

きるようになっていきます。発達に心配がある子どもは，親にとっては「育てにくい」と感じる様々な行動特徴をもっていることが多くあります。例えば，寝つきがよくない，偏食がある，服にこだわりがある，など様々です。図3-6は，ある児童発達支援事業所が1年間に受けた発達相談[2]について主訴別に割合を示したものです。お友だちとうまく遊べない，コミュニケーションが苦手など，人とのかかわりに関する困りは，特に子どもの入園や入学を控えた保護者にとっては大きな心配事となります。そのような状況にある保護者が，自分以外の誰かと我が子が心から楽しんで遊んでいる姿を見ることは毎日の育児への大きなエネルギーとなるでしょう。そして，保護者も遊びの作り手になることで，育てにくさを抱えながらも，我が子のよい面に気づいたり，かわいらしさを感じたりすることができるようになっていきます。

発達相談は，発達のアセスメントだけでなく，カウンセリングマインドやケースワークなど対人援助についての総合的な能力が求められます。特に初回はゆっくり時間をかけて行われます。なぜなら，初回相談は子どもの生育歴や家族に関する情報の聞き取りなど，親子の育ちの様子を詳しく知るための大切な手続きが含まれるからです。また，子どもは初めての場面には緊張や不安が強いことが多く，時間をかけて遊ぶ中で少しずつ子どもの発達の様子が見えてくるものです。保護者にとっても，相談をするということは不安なことばかりです。優しくあたたかな雰囲気の中で，時間をかけて共感的に話を聞くことで，保護者の不安も少しずつやわらぎ，安心して自分の気持ちを語ることができるようになるでしょう。

図3-7は児童発達支援センターに通所している親子と支援者の立ち位置の変化を示したものです。phase1では子ども自身のもつ発達上の特性やそれに対して保護者が感じる育てにくさのため，親子のやりとりがうまくいっていない段階です。発達相談に来たばかりの保護者はこの

2）児童発達支援センターでは正式に通所している子どものみならず，何らかの発達上の心配がある子どもについての相談（発達相談）も実施していることが多くあります。子どもの発達に関して何か心配なことがあった時に，いつでも気軽に相談ができる体制が地域の中に整えられていることが保護者の安心感につながります。児童発達支援センターに通所することが決まってから支援が始まるのではなく，誰かが子育ての困りや不安に気づいた段階からすでに支援は始まっているのです。

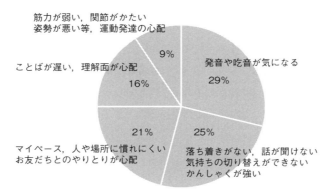

図3-6　発達相談の主訴別の割合

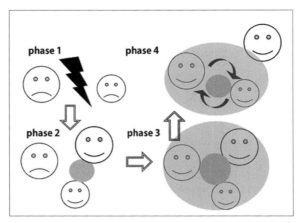
図3-7　親子の関係性とそれを見守る支援者の距離感

段階にあることが多くあります。数か月後あるいは数週間後に，少し間をあけて再度相談に来ていただくこともしばしばあります。間をあけて複数回の相談を行うことで，子どもの発達や親子関係に生じている変化を捉えることができるという利点があります。ただし，経過観察を行う場合は，ただ「様子を見ましょう」と伝えるだけではなく，保護者のかかわりの優れている点を言葉にして伝えたり，日常生活の中で工夫できることを提案してみるなど，親子の様子に応じた具体的な助言を行うことも大切です。このような段階を経て，徐々にphase2に移行していきます。

　phase2では，支援者の介入により子どもと支援者の信頼関係が築かれていく段階ですが，保護者はまだ療育に対する抵抗感や不安を感じている時期でもあります。phase3は，保護者も巻き込んだ形で遊びが展開され，保護者も子どもとのやりとりに手応えを感じ始め，支援者を信頼し始める段階です。児童発達支援センターに通い始めたばかりの頃は，どんな保護者であっても，できることなら来たくなかったという思いや，無理やり勧められたというような不本意な思いを少なからず抱いているものです。しかし，通い続けるうちに子どもにとっての楽しい場所に変わっていくのを目の当たりにすることで，通ってみてもいいかなと保護者の気持ちにも変化が生じてくるように思います。「ここは決してマイナスな場所や評価される場所ではなく，親子のありのままを受け止めてもらえるプラスの多い場所だ」ということを保護者が感じ始めた時，支援者との関係はphase2からphase3へと移行していきます。一般的には，phase3まで到達すれば，療育が親子の育ちにとって一定の役割を果たしたことになるのでしょう。しかし，親子の関係は乳幼児期や学童期で終了するわけではありません。その先も長い人生を共に歩んで

いきます。親子の関係性がまるで歯車が自動的に回転するかのようにうまく回り始めたら，支援者はそこから少しずつ距離を取っていくphase4の段階が必要でしょう。一度に離れてしまうのではなく，何かまた困ったことがあったらいつでも対応できるくらいの適度な距離であることが重要です。

また，療育は保育者だけで行うものではなく，保育以外の様々な職種との連携によって成り立っています。保育者は，療育を支える他の職種の役割について正しく理解し，積極的に地域の中で多職種との連携を図っていく必要があります[3)]。

3）このように，多職種で連携しながら地域の中で親子の育ちを支えるという考え方をチームアプローチといいます。

図3－8はある児童発達支援事業所で実際に用いられているケース会議用のまとめシートです。子どもへの支援と家族への支援を効果的に進めるために，一人の子どもとその家族に対して保育者以外の様々な職種がかかわっています。まず，妊娠，出産からかかわるのが保健師や医師などの職種でしょう。特に保健師は，地域住民の健康を守るスペシャリストです。新生児訪問や乳幼児健診など，子育ての中で親が保健師と出会う機会は多く，最も身近な相談窓口でもあります。心理士は主に保護者のカウンセリングや，子どもの発達検査などを担う職種です。地域の療育センターや，児童相談所，小児科や児童精神科のクリニックなどに勤務している場合が多いでしょう。作業療法士は子どもの感覚や運動の発達，言語聴覚士は言葉の発達に関するスペシャリストです。発達のアセスメントだけでなく，子育ての中で活かせるアイディアを保護者に提供することや，児童発達支援センターや保育所・幼稚園の職員への助言

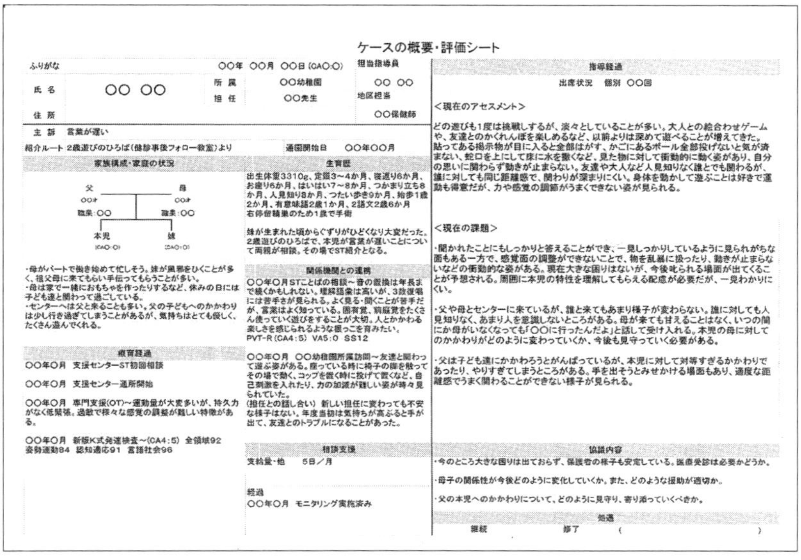
ケースの概要・評価シート

ふりがな　〇〇年　〇〇月　〇〇日（CA〇:〇）
氏名　〇〇 〇〇
所属　〇〇幼稚園
担任　〇〇先生
住所
担当指導員　〇〇 〇〇
地区担当　〇〇保健師
主訴　言葉が遅い
紹介ルート　2歳遊びのひろば（健診事後フォロー教室）より
通園開始日　〇〇年〇〇月

家族構成・家庭の状況
父 〇〇才 職業：〇〇　母 〇〇才 職業：〇〇
本児（CA〇：〇）　妹（CA〇：〇）
・母がパートで働き始めて忙しそう。妹が風邪をひくことが多く，祖父母に来てもらい手伝ってもらうことが多い。
・母は家で一緒におもちゃを作ったりするなど，休みの日には子ども達と関わって過ごしている。
・センターへは父と来ることも多い。父の子どもへのかかわりは少し行き過ぎてしまうことがあるが，気持ちはとても優しく，たくさん遊んでくれる。

療育経過
〇〇年〇月　支援センターST初回相談
〇〇年〇月　支援センター通所開始
〇〇年〇月　専門支援（OT）～運動量が大変多いが，持久力がなく低緊張。過敏で様々な感覚の調整が難しい特徴がある。
〇〇年〇月　新版K式発達検査～（CA4：5）全領域92　姿勢運動84　認知適応91　言語社会96

生育歴
出生体重3310g，定頸3～4か月，寝返り6か月，お座り6か月，はいはい7～8か月，つかまり立ち8か月，人見知り8か月，つたい歩き9か月，始歩1歳2か月，有意味語2歳1か月，2語文2歳6か月
右停留精巣のため1歳で手術
妹が生まれた頃からぐずりがひどくなり大変だった。2歳遊びのひろばで，本児が言葉が遅いことについて両親が相談。その場でST紹介となる。

関係機関との連携
〇〇年〇月STことばの相談～音の置換は年長まで続くかもしれない。理解語彙は高いが，3数復唱には苦手さが見られる。よく見る・聞くことが苦手だが，言葉はよく知っている。固有覚，前庭覚をたくさん使っていく遊びをすることが大切。人とかかわる楽しさを感じられるような根っこを育みたい。
PVT-R（CA4：5）VA5：0 SS12
〇〇年〇月　〇〇幼稚園所属訪問～友達と関わって遊ぶ姿がある。座っている時に椅子の脚を蹴ってその場で動く，コップを置く時に投げて置くなど，自己刺激を入れたり，力の加減が難しい姿が時々見られていた。
（担任との話し合い）新しい担任に変わっても不安な様子はない。年度当初は気持ちが高ぶると手が出て，友達とのトラブルになることがあった。

相談支援
支給量・他　5日／月
経過
〇〇年〇月　モニタリング実施済み

指導経過
出席状況　個別　〇〇回
＜現在のアセスメント＞
どの遊びも1度は挑戦するが，淡々としていることが多い。大人との絵合わせゲームや，友達とのかくれんぼを楽しめるなど，以前よりは深めて遊べることが増えてきた。貼ってある掲示物が目に入ると全部はがす，かごにあるボール全部投げないと気が済まない，蛇口を上にして床に水を撒くなど，見た物に対して衝動的に動く姿があり，自分の思いに関わらず動きが止まらない。友達や大人など人見知りなく誰とでも関わるが，誰に対しても同じ距離感で，関わりが深まりにくい。身体を動かして遊ぶことは好きで運動も得意だが，力や感覚の調節がうまくできない姿が見られる。
＜現在の課題＞
・聞かれたことにもしっかりと答えることができ，一見しっかりしているように見られがちな面もある一方で，感覚面の調整ができないことで，物を乱暴に扱ったり，動きが止まらないなどの衝動的な姿がある。現在大きな困りはないが，今後叱られる場面が出てくることが予想される。周囲に本児の特性を理解してもらえる配慮が必要だが，一見わかりにくい。
・父や母とセンターに来ているが，誰と来てもあまり様子が変わらない。誰に対しても人見知りなく，あまり人を意識しないところがある。母が来ても甘えることはなく，いつの間にか母がいなくなっても「〇〇に行ったんだよ」と話して受け入れる。本児の母に対してのかかわりがどのように変わっていくか，今後も見守っていく必要がある。
・父は子ども達にかかわろうとがんばっているが，本児に対して対等すぎるかかわりであったり，やりすぎてしまうところがある。手を出そうとみせかける場面もあり，適度な距離感でうまく関わることができない様子が見られる。

協議内容
・今のところ大きな困りは出ておらず，保護者の様子も安定している。医療受診は必要かどうか。
・母子の関係性が今後どのように変化していくか。また，どのような援助が適切か。
・父の本児へのかかわりについて，どのように見守り，寄り添っていくべきか。
処遇
継続　修了（　）

図3－8　ある児童発達支援事業所で用いられているケース会議用のまとめシート

※架空の事例によるもの

など，保育者を後ろから支える仕事も担っています。地域の療育センターやクリニックなどに勤務している場合が多いですが，児童発達支援センターに常勤として配属されている場合もあります。

(3) まとめ

　整形外科医の高松鶴吉は「療育とは注意深く特別に設定された特殊な子育て」と定義した上で，「医療人には子育てという視野の重要性を説きたく，教育人には注意深く設定していくという科学的態度を求めたい」と述べています（高松，1995)[4]。この考え方を踏まえつつ，私は療育を「地域における生活を基本とした多職種による子どもおよび家族理解」と捉え直しています[5]。多様な親子の育ちを地域で支え，共に歩んでいく営みが療育であり，それを実践する場の一つが児童発達支援センターです。療育には大事な3つの柱があります。1つ目は子どもへの支援です。そのために保育者はまず「遊ぶ力」を磨く必要があります。2つ目は家族への支援です。保育者は保護者の思いを「聴く力」を身につけなければなりません。3つ目は子どもや家族が暮らす地域への支援（地域連携）です。地域に出向き，保育以外の職種と手を「つなぐ力」が欠かせません。対人援助職としての総合力が求められる一方で，親子と長く深くかかわることのできる魅力的な職場でもあります。ぜひ，施設見学に出向き，児童発達支援センターへの関心を深めてほしいと思います。

4）高松鶴吉(1995). 療育とはなにか　ぶどう社

5）現在は療育とほぼ同じ意味で「発達支援」という言葉を用いることが多くなりました。療育はもともと，肢体不自由児に対する治療教育的な概念であり，整形外科医の高木憲次が提唱しました。療育という言葉には日本の障害児・者福祉の歴史やそれらを切り拓いた人々の思いが詰まっています。治療という医療モデルの色合いが濃かった療育は，現在では子育てをベースにした家族支援や地域連携も含めた概念として発展してきているといえるでしょう。

第4章

障害のある子どもと共に育つ保護者・きょうだい
―家族支援の大切さ―

1. 保護者支援

事前課題：発表する準備をしておこう！

> （ア）家族を支えることがなぜ大切なのか，いろいろな角度から考えてみよう。
> （イ）障害を受容するということを自分自身を受容することに置き換えて考えてみよう。
> （ウ）障害のある子どもの保護者への支援と障害のない子どもの保護者への支援で共通する点は何か。また，障害のある子どもの保護者への支援で特に必要なことは何か考えてみよう。

　自閉症のある子どもMちゃんの母親Kさんは「2歳から3歳にかけて，『自閉症』の意味も分からないし，しんどかったですね」と振り返ります。ちょうど下に弟も生まれていたため，多動なMちゃんが外に出ていかないよう玄関ドアのチェーンをして鍵をかけ，パニックを起こすMちゃんと赤ん坊と3人で部屋に閉じこもっていました。そのころは「1日が終わらない終わらないって感じ」だったと言います。

　子どもに障害があると分かった時，多くの保護者はこれまで想像したこともない体験をすることになります。この章では保護者が子どもの障害を「受容する」ことと，保護者の子育てのつらさやかかわり方の問題について私たちがどのように理解するかについて考えていきましょう。

（1）障害の受容

　人は様々な体験の中で考え方や価値観を変化させていきます。子どもに障害があることをどのように受け入れていくかについては以下のような考え方があります。

　「段階説」——障害を受け入れていくことを時の流れとともに感情の変化で表そうとしたもの。古典的なものでは，①ショック，②否認，③悲しみと怒り，④適応，⑤再起の5つの段階（Drotar et al., 1975）[1]がよく引かれます。

　「慢性的悲哀説」（Olshansky, 1968）[2]——保護者が常に悲しむことはごく当たり前のことで，それを乗り越えさせようとする働きかけはむしろ，保護者の気持ちを押し込めることになるとの考えです。

---

[1] Drotar, D., Baskiewicz, A., Irvin, N., Kennell, J., & Klaus, M.（1975）. The adaptation of parents to the birth of an infant with a congenital malformation: A hypothetical model. *Pediatrics, 56*（5），710-717.

[2] Olshansky, S. 松本武子（訳）（1968）. 絶えざる悲しみ——精神薄弱児をもつことへの反応—— 松本武子他（訳）家庭福祉——家族診断・処遇の論文集（pp.133-138）家庭教育社

「螺旋形モデル」（中田，1995）[3]――障害受容は段階ではなく，肯定と否定の両面をもつ螺旋状の過程をもつものと考えます。

（2） 保護者への支援

　子どもの問題行動を減らすことが，同時に保護者のストレスを減らすことにもつながるとの考え方から，保護者を共同療育者とする療育法は古くからありました。ペアレントトレーニング（岩坂，2012）[4]は保護者を対象に，行動理論の技法で目標を決めて望ましくない行動は減らし，できるようになってほしい行動を増やすよう働きかけるプログラムです。発達の気になる子どもを育てたことのある人がその経験を活かして助言をする，ペアレントメンター（井上他，2011）[5]という活動もあります。

　筆者は障害のある子どもとその家族と，20年来家族ぐるみでかかわってきました。上記のような子どもの障害や問題行動のみを視野に入れる考え方は，喜びも多い保護者とその家族の日常の姿とかけ離れているように感じられるのです。

　それでは，自閉症のある子どもをもつ母親がどのような体験をしているか，トシの事例から考えてみましょう。

（3） 「トシの混乱」を人々はどう観たか

　私[6]が指導員という立場でかかわっている障害児学童保育Ａは，高校生・大学生のボランティアが子どもを1対1で担当します。この日は他市の障害児のサークルを運営している大学生たちが見学にくるということで，場の雰囲気はいつもと少し違っていました。

　この日の主なプログラムはクッキー作り・屋内ゲームなどです。

この事例に出てくる人たち
トシ：支援学校小学部4年生，男児。2歳半でいわゆる折れ線型自閉症と診断される。
ひろみさん：トシの母親。地域の障害児の親の会のリーダー的役割を担っており，Ａも原型はほとんど彼女が形作ったものである。自身が自閉症児の子育てについて，講演会や大学で話すことや，親の相談にのったりする機会も多くある。トシが4歳のころから生活の中に構造化のプログラムを取り入れている。
指導員ゆりさん：教育学部の2回生。高校2年生の時のＡのボランティアをきっかけに，支援学校の教師を志望する。今年は初めて指導員として参加。いつもダイナミックに身体全体をつかって子どもと遊ぶ。

---

[3] 中田洋二郎（1995）．親の障害の認識と受容に関する考察――受容の段階説と慢性的悲哀　早稲田心理学年報，27, 83-92.

[4] 岩坂英巳（編）（2012）．困っている子をほめて育てるペアレント・トレーニングガイドブック――活用のポイントと実践例　じほう

[5] 井上雅彦・吉川徹・日詰正文・加藤香（編著）（2011）．ペアレント・メンター入門講座――発達障害の子どもをもつ親が行なう親支援　学苑社

[6] エピソードや対話場面では「筆者」ではなく「私」と記します。

エピソード
　トシはAに集う子どもたちと一緒にいることを喜ぶタイプの子どもではなく，昨年も制作や料理には，時折しか参加しなかった。それで私はAに参加すること自体がトシの負担になっていないか，また，ひろみさんがそう感じていないか，不安を抱きつつも，なんとか，活動を続けてほしいという気持ちをもっていた。
　見学の学生たちは約束通り調理室と和室が接している壁際にいる。この日もトシはあわただしく部屋を出たり入ったりしていた。ゆりさんはときどき様子を見に行っていた。クッキー作りは予定通りスムーズに進み，子どもたちはおやつに自分が作ったクッキーを食べた。トシは生地の成型のときに片ぬきの枠を手にして，取り組む様子を少し見せたが，オーブンに入れるところにも立ち会わないまま，運動場に行ってしまった。出来上がりのころにも一度部屋に戻ってきたが，食べることもしなかった。

　階段をドンドンドンと上がってくる音がして，トシが次に部屋に戻ってきたのは，皆が，そろそろ次の遊びを始めようかとしている時だった。トシは調理室に入ってきたものの，部屋の隅でしゃがみこみ，またすくっと立って部屋を見渡し，少し動いてはしゃがみと，落ち着かない感じでうろうろしていた。
　そうこうしていると，何か伝えたいことがあるらしく，せわしく甲高い声で，「○○，○○」と何かを連呼した。ゆりさんは，ひろみさんからメモ用紙を渡され，「ウサギにえさをやりたいのかな」と言いながら，それにウサギを描き，トシに見せた。ちがったらしく，トシは見せられた紙をうっとうしげに，向こうに押しやる。それではトシに描いてもらおうと，ゆりさんがトシにメモ用紙と鉛筆を渡すと，何か絵を描いたのだが，それが何であるか，周りの人々には分からない。そこで，初めてひろみさんがトシに近づき，「トシさんどうしたいの？」と，再度たずねたが，トシはいらいらした顔を見せるだけであった。お手伝いの他の母親たちもメモ用紙を覗き込むようにして，総がかりでトシの絵を解明しようと加わる。そうしていると，トシはきーっという表情になって怒り出し，食器棚に向かって，はいていた靴を投げた。ドーンという大きな音が部屋全体に響く。その後，トシはひろみさんとゆりさんを蹴ったり，拳でひろみさんの身体をどんどんと叩いたりした。担当のボランティアに背後から抱きかかえられ，その腕の中で逃れるために身体をねじる。見学の学生たちはぎょっとひるむような表情でことのなりゆきを見ていた。トシが少し落ち着いたところを見計らい，ボランティアは「もう一回運動場，連れて行ってみるわ」と言い残し，トシを外に誘った。2人は部屋を出て行った。

　では，長くトシやひろみさんとかかわっている指導員，ゆりさんはこの場面をどう観たのでしょうか。対話を提示します。

対話①　自閉症あっても，大きくなってくるから
（どんなことがあったのか説明の後）
私：今までのトシさんのつきあいの中でどう見えてた？
ゆりさん：注意した時の反応も今までと違うなって感じ，この夏は。それはほんまに思ってると思うんですよ。もう4年生（だから）。相応のきれっぷりみたいな［笑］，ごちゃごちゃ言うなよ，遊んでんだぜ俺，みたいな。年相応の反発（が見られ）。
私：（年齢）相応？　自閉症やからとか思わない？
ゆりさん：思春期の初め？ってそんな時あるじゃないですかぁ。年相応って感じ。

自閉症あっても，大きくなってくるから。あはははは。
私：ゲームに入ったらいいのになとか，入らなあかんとか，思わない？
ゆりさん：入れたらいいなあって，入れそうなときは思う，入りそうでもないのに思ってもなあ。楽しくなさそうやのに入れても，自分も楽しくないから，楽しかったらいいみたいな（気持ちがある）。はははは。
（他の話があって）
私：ゆりちゃんがあのときね，子どもがばらけるころか，終わってからか，「ひろみさんがかわいそうでした」って言ったんよ，私に。
ゆりさん：うーん［言っていいのかどうか迷っている風で］
私：どういうことだったんかなあ？
ゆりさん：つらそう，家で二人でおったらどんな感じなんかなあって思った時に，やっぱり，伝わらんかったら…，ひろみさんがすごいつらそうに見えた。お母さんは（子どものことを）何でも分かるんやろと思って，思ってるから何でも聞くけど，分からんこともいっぱいあるし，お母さんやから何でも分かるってわけでもないんやなって（思った）。（それなのに）頼ってしまったりするから…。なんでそんなこと言ったんやろ，あははは［つくろうように］（中略）
ゆりさん：この後，ひろみさんは「ちょっとお茶買いに行ってくるわ」って，部屋を出たんですよ。じゅんさん（他の母親）が「言いたいことが伝わらんかったらつらいわなあ」って，言った。

＊　　＊　　＊

　ゆりさんは，トシを一人の小学4年生の男の子として見ています。ふざけている時と，自分の思いを通そうとしている時のちがいを自分の身体の感覚を通して感じ分けていました。単に集団に参加することをゴールにせず，彼の変化を待ちながら肯定的に捉えています。

　ゆりさんが「ひろみさんがかわいそうでした」と言った時，私はドキリとしました。ともすればそこに「かわいそうやねえ」と言う第三者的な発言の雰囲気を感じてしまうからです。ゆりさんにとってAは障害児とのかかわりの原点であり，ひろみさんはトシの母親であると同時に，自閉症について指針を示してくれる頼れる人なのでした。「ひろみさんも全然分からない」自閉症児の，やはりつながりにくいところがあるという厳しい面を初めて見て，少なからずショックを受けたようでした。

　そして，ひろみさんがお茶を買いに部屋を出た件，じゅんさんの「言いたいことが伝わらんかったらつらいわなあ」という言葉の真意は何だったのでしょう。ひろみさんがお茶を買いに行き，ゆりさんと2人の母親が残されました。この言葉にゆりさんも救われる感じをもったのでしょう。私にはその場の皆が「子どもが言いたいことが分からない」というつらさを分かち，お互いを思い合っているように感じられました。

　それでは，同じ場面を母親のひろみさんはどう観ていたのでしょうか。ひろみさんとの対話を紹介します。

対話②　分かってやれへんですまんなしかないな
（自分が声をかけたからトシが余計に混乱したのだという話があり）
ひろみさん：帰りたい，つまんないって言いたかったんかな。全然好きにしていい

第4章　障害のある子どもと共に育つ保護者・きょうだい

と100%思えてたかと言われたらそうではない。どうしても欲が出て，もうちょっと遊んだらって（いう気持ちがあった）。そういうのが伝わるんやろな，子どもにね。
私：ゆりはね，最後はお母さんに頼ってしまったって。お母さんだったら分かるんじゃないかって思ったって。
ひろみさん：分からへん，分からへんよ［大きく］。日々いっぱいあるし。なんか，分かってやれへんですまんなしかないなっていう。あれはあれでしゃあないかな。

　　　　　　　　　　　＊　　＊　　＊

　ひろみさんから語られたのは，トシの思いを分かってあげられなかった親の思いでした。本当は「帰りたい」「つまらない」ということを全身を使って表したのかもしれない，そのように，トシの行動の問題としてではなく，状況を理解し，自分の思いのやり場のなさに苛立つような姿として見ていました。トシがこのような姿を見せたのはこの夏を通じてこの日一度限りでした。見学者がいるということで一人ひとりの大人の心中に，少しずつ「よそいき」の構えがあって，自分を押し出すことが強まっているトシの発達の姿と，ちょうどこの日にぶつかったという解釈は，そう的はずれではないように感じました。

対話③「子どもに打つ手がないんやなって思われるのがきついなあ」
（対話②の続き。お茶を買いに行った場面について）
ひろみさん：お茶が飲みたかったっていうのはあるけど，はあ［深いため息］。自分の気持ち？［言いよどんで］なんやろう，自分でわかってる弱いところやけど，混乱している子どもといっしょの場にいることがしんどいんですよ，それは何がしんどいかというと，家なら，ああそう，残念やったねですむんですけど，こうなってる［てんやわんやというような動作をして］子どもに打つ手がないんやなって思われるのがきついなあとか，後は，子どもがしんどそうやなって思われるのがきついなあという。
私：つっこんであれやけど，つらそうに見えたくないなあ。
ひろみさん：ある，たぶんみんな。まだ慣れへんかって自分に思う。
［間があって］ゆりちゃんが後で言ってくれた。今日はトシちゃん混乱したけど，いっしょにウサギ見て楽しそうにしてました。トシちゃんにも楽しい時間はいっぱいあったと思います，って。自分でもそう思おうと思ってたけどできなかった。ありがたいな，学生さんに気使わせてるし。もう甘えとこう。そうやっていろんな人が気つかってくれて，純粋にうれしかった。この夏は凹んだことがあったけど凹んでてもいいんやな，と思えたから，自分的にはそれでいいかな。

　　　　　　　　　　　＊　　＊　　＊

　通常の子育てにおいても場にふさわしい行動をしつけることは母親に期待されています。さらにここでひろみさんは，特性に配慮して上手に子どもを管理することが求められたと感じているのです。実際は違っています。周りの人々は自分たちは自分たちなりのトシとの歴史の中で，応えてあげられなかったつらさを思ったのです。この場はひろみさんを評価する場ではなく共感の場でした。「分かってやれへんですまんな」というひろみさんの言葉と，じゅんさんの「言いたいことが伝わらん

かったらつらいわなあ」という言葉は，子どもを思う親の心情として呼応し，親としての思いが表面的ではなく実感として共有されていました。

　学生はトシを大切に思い，支えになろうとしました。母親たちは母親たちで感じ合える関係でトシやひろみさんを囲みます。そのことが，「凹んでもいいんやな」と自分のことを自分で決着をつけることの後押しをしたのだと感じられたのです。

（4）　条件つきでなくその生を肯定すること

　通常の母と子は，当たり前のように分かり合うつながりを生きます（大倉，2011）[7]。しかし，人生早期の身体を通した通じ合いに乏しい自閉症のある子どもと母親は，お互いに懸命にそれをつくり出すことから始めなければなりません（山崎，2014）[8]。母親が子どもをどう捉え，どのように振る舞うのかは，個人史，現在の養育環境，子どもとの関係性，今生きている社会の価値観など，様々なものの絡み合いの中で決まってきます。私たち"世間の目"は自閉症のある子どもが世の中に迷惑をかけないように上手に管理することを母親たちに求めていないでしょうか。条件つきではなく生を肯定される時，人は明日への希望をもつことができます。保護者の心情を思う時，自閉症のある子どもがそのままでいいとはなかなかいえません。しかし，子どものことを分かりたいと思い，共にそこにいようとすることはできそうです。母親にはたいへんなことはそのように，がんばっていることもそのように，そう言える関係を作りたい。筆者はそのようにして，傍らにいる者でありたいと思うのです。

---

[7] 大倉得史(2011).
育てる者への発達心理学―関係発達論入門　ナカニシヤ出版

[8] 山崎徳子(2014).
自閉症のある子どもの関係発達　ミネルヴァ書房

2. きょうだい支援

事前課題：発表する準備をしておこう！

> （ア） 障害のある子どものきょうだいの置かれる状況について考えよう。
> （イ） 同じ境遇の人たちが体験を話し合うことの意義について考えよう。
> （ウ） 「分かってもらえた」体験について考えよう。

（1） 私は世界で2番目か

　Oさんの2歳違いの兄には生まれつき難聴の障害がありました。兄が遠くの聾学校（現在の聴覚支援学校）に通うために，母親も平日は往復3時間ほどの通学につきあうなど不在がちでした。Oさんは小さいころから不満も言わず，忙しい母を助けることに一生懸命だったといいます。大人になって福祉関係の仕事についたのも，兄の障害と無関係ではありませんでした。結婚して，子どもにも恵まれたころ，彼女はふと，障害がある兄弟姉妹をもつ障害のないきょうだいの手記をまとめた『オレは世界で二番目か』（広川，2003）[1]を手にしました。この本の題名が，長い間自覚せずに心の深いところにとどめていた自分の気持ちにぴったりだ，と感じられたそうです。

　障害のある子どものためにできることはなんでもしたいと病院通いや療育に忙しい保護者が，他のきょうだいを"後回し"にせざるを得ない状況になることは想像に難くありません。西村他（1996）[2]はきょうだいに生じる神経症や非社会的行動を「静かな問題行動」と表現しました。アメリカでは1990年から，同じ境遇のきょうだいとのレクリエーションや話し合いなどの活動を行うことで，心理的問題の軽減や解決を図るグループがあります（Meyer & Vadasy, 1994）[3]。日本でも同じ立場のきょうだい同士が集まり体験を語り合ったり，啓蒙活動をしたりするセルフヘルプグループが活動しています（藤井，2006）[4]。

　A市の幼稚園で働いている村上理真さんには自閉症のある2歳上の兄がいます。村上さんは自分が兄を理解していく道程を振り返り卒業論文にまとめました。その一部から，障害がある兄弟姉妹をもつ人の体験の

1) 広川律子（2003）．オレは世界で二番目か？―障害児のきょうだい・家族への支援　クリエイツかもがわ
2) 西村辨作・原　幸一（1996）．障害児のきょうだい達―1　発達障害研究，18（1），56-67.
3) Meyer, D. J., & Vadasy, P. F. (1994). Sibshops: Workshops for siblings of children with special needs. Baltimore, MD: Paul H. Brookes.
4) 藤井和枝（2006）．障害児のきょうだいに対する支援（1）関東学園大学人間環境学部人間環境学会紀要，6，17-32.

一端を知り，支援について考えていきましょう。

（2）事　例

　村上さんの兄は1歳半で重度の知的障害がある自閉症と診断されました。父と母は療育法を求め，関西から東京に移り住んだり，アメリカの専門医を訪ねたりとたいそう力を注がれました。兄は小学校から養護学校（現在の特別支援学校）に通い，現在は知的障害者施設に入所され，週末に帰宅するという暮らしをしています。

　村上さんが大学3回生の冬休み，車で家まで送迎した彼女に，「りま，ありがとう」と兄がお礼を言ったことが，その場にいた母親と村上さんに強い印象を残しました。いつもパターン化したような会話しかしない兄のその言葉には，兄の気持ちが入っていたと感じられたからです。

　そのように感じられるようになるまで2人の関係が育っていく過程には彼女の思いの移り変わりがありました。ここから村上さんの体験を提示します。

　　　　　　　　　　＊　　　＊　　　＊

エピソード①　無駄になった休日

　私[5]が産まれた時，兄は1歳8ヶ月だった。きょうだいなのに違う小学校に通うことになり，初めて兄が他の人とは違うんだと思った。それでも他の家庭と違うことに対して「なぜ，どうして」と思うことはまだなく，すべてのことをそれが「当たり前だ」と思っていた。

5）村上さんの体験についての記述は「私」と記してあります。

> 　兄が小学校高学年，私が低学年くらい，弟が幼稚園児だったときの話である。兄は家で静かに過ごせないので，休日は毎週必ず出かけていた。
> 　どんなプランだったか忘れたが，山道らしきところで車を止めて休憩をしていた。すると両親が一瞬目を離した隙に兄がいなくなった。必死に探し周り数時間を費やした。警察に電話するかどうかなども話し合っていた。その間，私と弟は車の中で過ごしたり，車から降りてみたりして時間をつぶすしかなかった。私たちが動き回ると余計に迷惑がかかると無意識のうちに判断していた。しばらくして無事に兄は見つかり，テーマパークだったか遊べるところへ向かった。
> 　ようやく目的の場所に到着し，車を駐車場に止めた。時間はもう15時くらいだったと思う。正直家族全員すでに疲れていたそんなとき，入口へ向かう途中で兄が行くことをとても嫌がった。騒いで暴れていたので，もうきっと今日はここへは行けないのだろうと察した。でも心の中では行きたかったと思った。しかしそれを両親に言うこともしなかった。言ったから行けるわけでもないし，言っても仕方がないと分かっていたからだ。それと自分より小さい弟もいたので，自分がワガママを言ってはいけないと感じた部分もあったかもしれない。そのとき，弟も特に文句は言わなかった。帰りの車も空気が重く，両親が私と弟に対して申し訳ないと思っていることが伝わってきた。だから行きたかったとは言わず，ま

> た今度どっか行こうと話していた。

　兄が行方不明になることは珍しいことではなかった。このように兄を中心に生活が進むのは毎日のことだったから，大きなショックだったわけではない。普段の生活の延長だった。当時は兄のせいで我慢させられているとか，他の家族だったらとか，そんな考えはなかった。すべてが「当たり前」で「仕方ない」ことだった。

エピソード②　誰かに気にかけてもらいたかった

　小学生高学年くらいになると，誰かに私の気持ちを分かってほしいと思うようになった。「当たり前」だ「仕方ない」と思っていた事柄が，自分の中でそうではなくなっていった。こんなにいろんなことを我慢している私を誰も見てくれない。認めてほしい，褒めてほしいとの思いは満たされなかった。次のエピソードはそんな時の話である。

> 　小学6年生のときのこと。国語の時間では漢字を毎日少しずつ習い覚えていく。専用の漢字練習ノートもあった。そのノートの使い方は，始めにその漢字を何度か書いて練習し，書き順を一画ずつなぞり，最後にその漢字を使った例文を書くものだった。私はいつも結構真面目にその例文を考えていた。暇なときに数ページ先に習う漢字を眺めながら，この漢字のときはこんな文章にしよう，と思うことがあった。そしてある日，数ページ先に"障"という漢字があった。
> 　"障"という漢字を見たとき，あーお兄ちゃんのことを表す漢字だ，と思った。小学校高学年ごろから差別の存在を知り，それをおふざけに使う習慣がどこの学校でもあると思う。だからこの漢字を見たときに，なんとも言えない気持ちになった。そして一番始めに思いついた例文は「私の兄は障がい者です」だった。でもそれを先生に堂々と公表したいわけでもないし，これを見て先生にどうこう思ってほしかったわけでもない。しかし心の底では「村上さんそうだったの，おうちたいへんなんじゃない？」とか，何か気にかけてもらえるきっかけになればいいのにと思った。でも自分からわざわざ公表することにも抵抗があるし，書こうか悩んだ。書いてみたけど消して違う文章も書いた。けれど最終的には結局「私の兄は障がい者です」と書いた。
> 　後日漢字ノートが返却された。何か例文に関してコメントが書かれているかもしれないと思うとすごく緊張し，ドキドキした。そしてノートを開けると，普段と何ら変わることなく，丸つけだけされていた。全く何にも触れられなかったことが衝撃的だったことを覚えている。自分の中では一大決心でこの例文を書いたのに，結局先生の中では全く大したことではなかったのだと痛感した。

　今思えば，その漢字ノートも普段から例文にコメントなんてなかったはずだ。そんなことをクラス全員分毎日していたら時間が足りない。それでも当時私がそこまでを期待したのは，誰かにかまってほしかった，話を聞いてほしかったのではないか。兄のことを隠して生きていたわけではなかったが，オープンにもしていなかった。そんな中で，言いたいような，でもやっぱりちょっと隠したいような，そんな気持ちがあっ

た。

エピソード③　なんで産んだん？

　中学生になるとさらに考えが変わっていった。どうして兄のことで我慢しなければならないのだろうと思うことも増えた。私にも"反抗期"がやってきたのも原因の一つだと思う。

　中学3年生の冬，受験勉強と反抗期で当時の私は荒れていた。家で勉強せず，日曜日以外は毎日塾に行っていた。兄も思春期で一番荒れていた。毎日大声で騒ぎ，自分で自分を殴る自傷行為をしていた。飛び跳ねて自分を殴っていたので，暴れているような騒動だった。人生で一番，一緒に住むことが苦痛だった。兄が家にいるときはリビングには一切行かず，ご飯も自室へ運んで食べていた。そんなときのできごとである。
　夕方学校から帰宅した。塾は夜7時から10時だったので晩ご飯を少し食べていかないと授業中お腹はもたなかった。母は働いていてまだ帰ってきていなかったので，ご飯はまだできていない。その日はお腹が空いていたので，母の帰りを待たずに何か食べることにした。何もなかったので，白ご飯と味噌汁にした。白ご飯は炊きたてで味噌汁は沸騰しすぎたので，両方あつあつだった。それを用意しているとき兄はすでに家にいた。私は空腹時にイライラしてしまう。そこへ兄も騒いでいたので余計にイライラしながらご飯の準備をした。リビングは2階で自室は1階だったので，片手にご飯もう片方の手で味噌汁を持って階段を下りて運んだ。玄関の前に着いた瞬間に兄がたまたま叫んだ。突然だったので驚き体がびくっとし，味噌汁がこぼれて手にかかった。とても熱くて，その瞬間何か糸が切れたように頭にきた。だいたい何でこんなことをしなければいけないんだ，どうしてリビングで普通に食べられないんだ。母親が働いていてあまりきちんとご飯を用意されないことも昔から不満だった。そう考え気持ちのままに手に持っていた味噌汁のお椀を思いっきり玄関ドアにぶつけた。その残骸を見ることもせず自室へ戻った。
　母が帰ってきて「ただいまー」と聞こえた。もうすぐ玄関の味噌汁に気づくのだろうと思った。母は私の部屋にやってきて「どうしたん？」と聞いた。兄と一緒に住むのが嫌だということをずっと思っていても両親にそれを伝えたことはなかった。やっぱり家族だし，そういう風に思ってはいけないと感じていたからだ。でもこのときはもういいと思った。味噌汁が手にかかった瞬間今まで我慢していた思いが爆発した。今まで思っていたことをすべて言った。そのときに「なんで産んだん？」とも言ってしまった。これは言ってはいけないと頭では分かっていたが，心がついていかなかった。あー言ってしまったと思っていると，5年生だった弟が私の話し声を聞いてやってきた。そして私に便乗し，ずけずけと母に兄の文句を言い始めた。しかも私以上に何の遠慮もなく言った。そこまで言わなくても…と思うくらいに。
　しばらくしてリビングに上がると，「お母さんがトイレで泣いてたよ」と父が言った。そんなこと言われてもどうしたらいいかわからなかった。母は「なんかご飯食べていく？」と聞いてくれたが，さっきの暴言の罪悪感を隠すように思いっきり反発した。母もその反発に対し少し怒り，困った。そのまま母に出されたご飯を受け取らず，塾へ行った。

　この日を境に，兄の存在を嫌だと思っていることを口に出すのを我慢する必要はないと思った。しかし言ったことはない。

エピソード④　それはたいへんやなあ

　兄が嫌いだった中学時代が終わり，高校に入学してすぐのこと。地元が同じだった友だちKちゃんに出会った。その子の言葉に私は驚いた。その時のエピソードである。

> 　高校に入学して新しい友だちが何人かできた。私は人見知りなので時間がかかった。自分から話しかけるのも勇気がいるし，あまりしなかった。しかし，Kちゃんという子には自分から近づけた。アドレスを聞こうか散々迷い，自分から聞いた。近寄りやすいオーラが彼女にはあった。Kちゃんは隣の中学の子で，お互い自転車通学だったので，一緒に通学することになった。まだ入学して間もないときにお互いの家族の話をし，兄の話をした。今まで兄の話を友だちにしても，そうなんやーという相づち程度しかされたことはなかった。今でもそんな感じだ。専門知識がない人は，想像がしにくい部分があるのだと思う。
> 　自転車を漕ぎながら，いろんな話をしていた。Kちゃんと話していると会話は途切れないし，常にお互い笑っていた。それは今でも変わらない。出会って間もないころに兄の話をした。昔から隠すことはなかったので「お兄ちゃんは知的障害があるから養護学校に行ってるねん」といつも通り話した。するとKちゃんは「それはたいへんやなあ」と言ってくれた。表情も何とも言えない感じの心配するときの表情というか同情の顔をしていた。場合によっては同情を嫌う人もいるだろう。でも私はその時すごく衝撃的だったことを覚えている。言われた瞬間泣きそうになった。でも入学したてのこの微妙なときに，このタイミングで泣いたらダメだと思い必死にこらえた。その後もKちゃん以外そんな反応をした人に出会ったことはない。だからといって，それからこの子に特別兄の話をしているわけでもない。日常会話に登場する程度だ。

　その時なぜ泣きそうになったのだろう，きっと自分の気持ちに寄り添ってくれた初めての人だったからだと思う。私はかわいそうではないし，普通はそんなふうには考えないのに，その頃はかわいそうだと思われたい気持ちがあった。小さいころから「りまちゃんがしっかりしてるから安心やね。頼りになるね」と言われ続けた。自分でもしっかりしていると思っていたし，気を張っていたと思う。「そんなに良い子じゃなくていいんよ」とか「りまちゃんたいへんだね」とか，そういうことは言われたことがなかった。私を心配し，寄り添ってくれる人はいなかった。そんな時に同い年の友だちに「たいへんやなあ」と言われ，やっと誰かに認められた気がした。兄の詳しい話は一切していないのに，障害があると言っただけでそう返ってきたことも驚きだ。小学生の時に思っていた「誰かに認めてもらいたい」という気持ちが叶った瞬間だった。

＊　　＊　　＊

（3）　存在を認められること

　大学入学後，村上さんはだんだんと自分と兄との体験を周りの人たち

に話し始めました。学内のスピーチコンテストで兄のことをテーマに語ったり，障害児・者の家族が話し合う地域のイベントのシンポジストになったりと，自ら積極的に自分の体験を伝えるようになりました。

　この気持ちの変化を一つの要因で説明することはできませんが，大きな要因の一つに「子どもの最善の福祉」「子どもの権利」などについて真剣に学び合っている大学という場と，仲間の存在があります。私たちは，人が大切な存在として育てられるためには，個別具体的な当事者の気持ちに寄り添う情緒的な面と，類として普遍的なものを踏まえる社会科学のまなざしの両方が必要だ，ということを日々考えているからでしょう。彼女はその学びの中で，自分の体験を受け止めてくれる人がいることと，同時にそれを語ることが誰かのためになるということが分かりました。そして，兄を理解したいという気持ちと，もっとかかわろうという気持ちがますます相乗効果をもたらし，接し方にも変化がありました。

　村上さんの事例には，自閉症がある子どもの家庭の様子や保護者の気持ちなど，きょうだい支援以外にも，私たちの障害のある人とその家族への理解を助けてくれる事柄がたくさんありました。

　人が「分かってもらえた」「存在を認められた」と感じ，自分を信じる気持ちを形作ることは，一生の課題です。その機会は保護者と子どもの関係以外にもあらゆる人，場所から与えられるし，自ら求めて能動的に人や物事にはたらきかけようとすることも人間独自の営みです。

　悩みの渦中にある時は，その状態が永遠に続くかの如く感じられ，このトンネルがいつまで続くのかという気持ちにもなるでしょう。しかし，どんなことも状況は変化します。障害のある人自身も，またきょうだいも共に育っていき，当然その関係の様相も色々に変わるということをこの事例は教えてくれます。

第5章

障害のある子どもの育ちを支えるシステム

1．乳幼児健康診査・就学時健康診断

事前課題：発表する準備をしておこう！

> （ア）　乳幼児健診や就学健診ではどのようなことを行うのでしょうか。
> （イ）　健診というシステムがあることの利点はどのようなことだと考えますか。
> （ウ）　乳幼児健診や就学健診を受ける子どもの保護者に対して配慮すべきことはどのようなことでしょうか。

（1）　乳幼児健康診査とその実際

　「健診」という言葉を聞いたことがあるでしょうか。私たちが健やかな生活を送ることができるよう，健康や発達の確認をする健診のシステムが日本では細かく整備されています。特に乳幼児は，疾患や障害がある場合，早期に発見し適切な介入を行うことで発達に良い影響を及ぼすことができると考えられています。また，乳幼児健診は子どもだけでなく親のためのものでもあります。子どもを授かった親は，最初は皆，親としては初心者からのスタートです。どんなに子育てに関する知識を身につけたとしても，子どもは親の思い通りに育つとは限りません。時には，我が子の成長・発達に関して思い悩んでしまうこともあるでしょう。そのような親の気持ちをサポートするのも乳幼児健診の大切な役割です。また，もし乳幼児期に我が子に障害があると分かったら，親はどのような気持ちになるでしょうか。疾患や障害を発見するだけではなく，その後の親子のフォローを行うことも乳幼児健診の重要な役割なのです。このように乳幼児健診はすべての親子の育ちに重要な役割を果たしているため，保育所や幼稚園で働く保育者もその内容について知っておく必要があります。

　乳幼児健診は母子保健法という法律に基づいて実施されています。地域によって違いはありますが，3か月児健診，4か月児健診，10か月児健診，1歳児健診，1歳6か月児健診，3歳児健診，5歳児健診など様々な年齢段階に応じた健診があります。中でも，1歳6か月児健診と3歳児健診は，母子保健法第12条において市町村の実施義務が定められ

> 第十二条　市町村は，次に掲げる者に対し，厚生労働省令の定めるところにより，健康診査を行わなければならない
> 　一　満一歳六か月を超え満二歳に達しない幼児
> 　二　満三歳を超え満四歳に達しない幼児

図1-1　母子保健法

写真1-1　保健師による問診場面（3歳児健診）

ています（図1-1）。発達面に限っていえば，1歳6か月児健診は歩行や言葉の獲得について確認する大切な役割があります。3歳児健診では，視聴覚機能や対人的コミュニケーションの発達を確認することが欠かせません。

　乳幼児健診は市町村に実施義務がありますので，各市町村の保健や福祉を管轄する部署には，ほぼ必ず保健師が勤務しています。保健師は地域住民の健康を守るスペシャリストです。多くの自治体において，保健師にはそれぞれの担当地域が決まっています。これを地区担当制といいます。担当地区の住民については，乳幼児から高齢者まで保健師が様々な情報を把握しています。子どもの健康や発達について気になることがあった時に，地域の中で親が最初に頼れる窓口が保健師であることが多いのです。

　写真1-1は3歳児健診で，保健師が問診を行っている場面です。保健師の求めに応じて積木を積む子どもの様子を母親が後ろから見守っています。保健師は決められた課題に対して子どもができたか－できないか，だけではなく課題に取り組む姿やそれを見守る親の様子，あるいは親子の距離感など様々なことを観察しています。さらに，この後，医師による診察が行われます。

　乳幼児健診は保健師だけではなく，様々な職種がチームになって行われます。例えば，管理栄養士による栄養相談や，歯科衛生士による歯科指導など子どもの「食べる」にかかわる職種も大切な役割を果たしています。また，子どもの発達についてより詳しく確認するため，心理士や

作業療法士，言語聴覚士などの職種が参加する場合もあります。図1-2は言語聴覚士による発達相談（ことばの相談）の記録用紙の例です。それ以外にも，地域の特別支援学校や児童発達支援センターの先生が参加することもあります。さらに，最近では子育て支援センターや保育所の先生がスタッフとしてかかわっている自治体も多いようです。乳幼児健診は親子の育ちを守るためのものですが，「我が子に何か心配なことがあったらどうしよう」と不安や緊張を感じる親も多いものです。そのような非日常の場に，日常を知っている子育て支援センターや保育所の先生がいることは，親子にとって大きな安心感につながります。

乳幼児健診は疾患や障害を早期に発見する役割がありますが，限られた時間の中で多数の子どもを対象にしているため，詳しい診察や検査まで実施することはできません。発達面について問診や診察で何か気にな

乳幼児健診発達相談記録（ST）

ケース氏名		生年月日	
所　属		実施日時	

○主訴

○生育歴・既往歴・家族歴等

○家庭の様子（保護者のお話）

□アセスメント　<構音・および発声発語器官>

構音方法＼構音位置		両唇音	歯音・歯茎音	硬口蓋音	軟口蓋音	声門音
破裂音	無声	p	t		k	
	有声	b	d		g	
破擦音	無声		ts　tʃ			
	有声		dz　dʒ			
摩擦音	無声	ɸ	s　ʃ	ç		h
通鼻音	有声	m	n			
弾　音	有声		r			

<言語・コミュニケーション行動>

人とかかわって	
物をはさんで	
イメージをして	
ルールに従って	

□言語聴覚療法所見

○援助目標・内容

■方針

言語聴覚士　○○　○○

図1-2　乳幼児健診発達相談（ことばの相談）記録用紙

る点がみられたとしても，すぐにその場で診断が確定するわけではありません。例えば，半年後に再健診を実施するなどして，しばらく時間をおいてから発達の様子を確認することがあります。このようにすることで，子どもの発達的な変化を的確に捉えることができるようになります。より詳しい診察や検査が必要な場合は，医療機関への紹介が行われます。このように，健診は事後フォローも含めて丁寧に行われる必要があります。2歳児教室（健診事後フォロー教室）などの名称で1歳6か月児健診と3歳児健診の間に発達の様子を確認したり，保護者の相談に対応したりするシステムを整備している地域もあります。最近では3歳児健診から就学までの間に5歳児健診を実施している自治体も増えています。健診後に児童発達支援センターにお試しで通うことを勧めながら親子をフォローする体制を取っている場合もあります。いずれにせよ，健診で子どもの発達について何かを指摘されるということは，親にとってはとても不安なことです。不安をそのままにするのではなく，地域の中で親子が安心して通える場所や，困ったことを相談できる場を作ることが，きめ細やかな健診事後フォローにつながるといえるでしょう。保育所や幼稚園においても，健診後の親の不安な気持ちに寄り添うことが必要な場合もあります。乳幼児健診を中心とした地域の子育て支援システムについて，ぜひ学びを深めてほしいと思います。

（2） 就学時健康診断とその実際

　就学時健康診断（以下，就学健診）とは，翌年に小学校への入学を控えた子どもたちを対象とした健康診断のことです。学校保健安全法（図1-3）に基づいて，市町村の教育委員会に実施が義務付けられています。乳幼児健診も就学健診もどちらも行政の仕事ですが，乳幼児健診は保健や福祉の管轄であり，就学健診は学校教育の管轄になります。

　就学健診は就学前年の秋頃に実施されます。就学健診では視力，聴力，内科，歯科など，小学校での学びを開始するために欠かせない健康面の確認を行います。例えば，もし視力に問題が見つかった場合は，就学までに眼科を受診して詳しい検査を受けることを勧める旨の通知が，後日教育委員会から保護者に届くことになります。受診後，眼科医の所見に基づき，就学までに必要な医療的処置（例えば眼鏡装用等）を行うことになります。

　このように，就学健診には健康面の確認という重要な役割がありますが，もう一つ大切な役割があります。それは，発達や知能について検査を行い，子どもにとって最も適切な学びの環境を保護者と一緒に考えるという役割です。集団や個別など実施方法は自治体によって違いがあり

第十一条　市（特別区を含む。以下同じ。）町村の教育委員会は，学校教育法第十七条第一項の規定により翌学年の初めから同項に規定する学校に就学させるべき者で，当該市町村の区域内に住所を有するものの就学に当たって，その健康診断を行わなければならない。
第十二条　市町村の教育委員会は，前条の健康診断に基づき，治療を勧告し，保健上必要な助言を行い，及び学校教育法第十七条第一項に規定する義務の猶予若しくは免除又は特別支援学校への就学に関し指導を行う等適切な措置をとらなければならない。

図 1－3　学校保健安全法

No.	氏 名	
	生年月日	平成　　年　　月　　日
所 属		
事前情報等		

ことばの検査　　実施日：平成　　年　　月　　日
実施者：

ことばのテスト絵本　テスト3　発音	
riɴgo	rappa　mari　terebi kagi　tamago
suika	usagi　sempu:ki　saru toke:　koinobori
tsumiki	kutsu　tsukue jakju:　otsukisama
ʤiteɴʃa	niɴʤiɴ　ʃo:bo:ʤido:ʃa bo:ʃi　deɴʃa
gohaɴ	gakko:　geɴkotsu happa　ɸu:seɴ
dzo:	re:dzo:ko　midzu
çiko:ki	çijoko　açiru

総合判定		
再評価不要	再評価必要	経過観察

5歳児の発達に関する確認項目
実施日：平成　　年　　月　　日　　実施者：

No.	カテゴリ	項目	反応	判定基準	チェック
1	会話	何組ですか？		正確に答える	
2		○組の先生の名前は何ですか？		正確に答える	
3	動作模倣	両腕を横に上げる		正確に模倣する	
4		両腕を上に上げる		正確に模倣する	
5	協調運動	片足ケンケン（右）		5回以上可能	
6		片足ケンケン（左）		5回以上可能	
7		左右手の交互開閉		3往復以上交互に開閉できる	
8		追視（ヨコ・タテ）		頭が大きく動かない 視線がはずれない	
9	概念	くつって何するものかな？		はくもの、など	
10		右手を上げてください		右手を上げる	
11		左手を上げてください		左手を上げる	
12		ジャンケンをする（3回）		3回とも勝敗がわかる	
13	音韻意識	しりとりをする		正確に3往復できる	
14	行動制御	「いいよ」って言うまで目をつむってください		自己刺激なく20秒以上持続可能	
15	状況理解	（ことばのテスト絵本 テスト4図版を見せながら）この女の子はこの後どうなると思いますか？		やめてって言う けんかになる、など	

行動観察		その他	総合判定
多動／衝動性	（ ++ ・ + ・ − ・ ? ）		専門検査不要
被転導性	（ ++ ・ + ・ − ・ ? ）		
固執性	（ ++ ・ + ・ − ・ ? ）		専門検査必要
会話のかみ合いにくさ	（ ++ ・ + ・ − ・ ? ）		
会話の非流暢性	（ ++ ・ + ・ − ・ ? ）		経過観察
不安／慣れにくさ	（ ++ ・ + ・ − ・ ? ）		

図 1－4　就学健診言語検査および発達検査の記録用紙

ますが，就学健診では知的発達スクリーニング検査が行われます。これにより子どもの知的発達に遅れの疑いがあるかどうかを調べます。その他，自治体によっては言語（主に発音）の検査や簡易な発達検査を実施する場合もあります。図 1－4 はある自治体で用いられている言語検査と発達検査の記録用紙で，写真 1－2 は言語検査を実施している場面です。

これらの各種検査の結果を統合し，さらに詳しい検査（専門検査）が必要かどうかを自治体の教育支援委員会（就学指導委員会）にて検討します。専門検査が必要となった場合も保護者に通知を行い，検査の日程が別途調整されます。専門検査では，WISC-Ⅳ知能検査や田中ビネー知能検査Ⅴなどの標準化された検査が使用されることが多いようです。これらの検査は心理士などの専門職により実施されるのが一般的です。検査実施後は，結果がまとめられ，保護者への説明が行われます。結果の説明は保護者の気持ちに十分配慮しながら行われる必要があります。検査結果を保護者がどのように受け止めているか，あるいは，子どもの

写真 1-2　就学健診言語検査実施場面

　就学に関して小学校に希望していることは何かなど，保護者の思いや願いによく耳を傾けることが必要です。子どもの就学に関することは家族にとっては大きな問題ですので，両親がそろって説明を聞きにくる場合もあります。母親と父親で検査結果の受け止め方や就学に関する意見が食い違う場合もあります。保育所や幼稚園で年長児の担任をしている保育者は，保護者の不安や悩みに寄り添うことが求められるでしょう。

　専門検査について結果の説明が実施された後，教育支援委員会が子どもの就学についての意見をまとめ，保護者に通知します。医療機関や療育機関に通っている子どもの場合は，検査結果以外にも，主治医や発達支援センターからの意見書が参考にされる場合もあります。また，子どもが普段通っている保育所や幼稚園の様子なども子どもの発達全体を捉える上で重要な情報となることがあります。就学についての意見には，例えば特別支援学級や通級による指導（通級指導教室）など，子どもの学びの環境についての具体的な提案が盛り込まれます。通級による指導とは，通常の学級に在籍しながら，必要に応じて個別に指導を受けることができる制度のことです。特別支援学級や通級指導教室は障害種別によって設置されており，言語障害に関する特別支援学級や通級指導教室のことを，「ことばの教室」と呼ぶことがあります。また，障害の程度が比較的重度であり，生活全般を含めた指導が必要な場合は特別支援学校（養護学校）への就学が検討されます。特別支援学校には，例えば視覚障害については盲学校，聴覚障害については聾学校というように，それぞれの専門性があります。その他にも，知的障害，肢体不自由，病弱などの専門性を有する特別支援学校があります。

　教育支援委員会が保護者に通知する意見は，あくまで教育行政として

の提案であり，最終的には保護者や本人の意向が尊重されなければならないことになっています。できれば，就学先の特別支援教育コーディネーター（特別支援に関する相談窓口になっている教員）と保護者との間で教育相談を重ね，双方が共通理解を図りながら就学先が決定されていくのが望ましい形です。

　就学は子どもにとっても家族にとっても，これまでの生活環境が大きく変わる節目です。とりわけ，様々な支援や配慮が必要な子どもの家族にとっては，不安でいっぱいであるということを知っておく必要があります。特に年長児の担任をしている保育者は，就学健診についての理解を深め，子どもたちの就学後のことまでを見通した保護者への丁寧な寄り添いと，引き継ぎなどを含めた関係機関との連携が求められているといえるでしょう。

2．小学校との接続

事前課題：発表する準備をしておこう！

> （ア）インクルーシブ教育とは何でしょうか。
> （イ）小学校との接続を考える上で重要なことは何でしょうか。
> （ウ）小学校への記録にはどのようなことを書き込めばよいでしょうか。

本節では，障害のある幼児が小学校に進学するために，幼稚園や保育所等の就学前施設と小学校との連携のあり方や課題について学びます。

（1）小学校との接続の必要性

障害のある幼児のみならず，幼児期（幼稚園・保育所・認定こども園など）から学童期（小学校）への就学において，そのギャップを小さくし，スムーズな移行ができるようにする幼保小連携は，近年の大きな課題となっています。特に，障害のある幼児に対しては，この就学の際のギャップを小さくすることが求められます。なぜなら，定型発達児は，環境の変化（違う場所に行く，教室が違う，授業が始まるなど）に対して柔軟に対応できるのですが，障害のある幼児には，そういった環境の変化に対応できない子もいるからです。

それでは，どのように就学前施設と小学校の接続が求められてきているのかを法制度的にみていきましょう。

障害者基本法が2011（平成23）年に改正され，第16条は以下のようになりました。

> ［改正前］14条　国及び地方公共団体は，障害者の教育に関する調査及び研究並びに学校施設の整備を促進しなければならない。
> 　　　　　↓
> ［改正後］16条4　国及び地方公共団体は，障害者の教育に関し，調査及び研究並びに人材の確保及び資質の向上，適切な教材等の提供，学校施設の整備その他の環境の整備を促進しなければならない。

このように，基本法の中で，単なる学校施設の設備から，人材の確保，資質の向上やその他の環境の整備までが必須となりました。この中で，障害のある幼児に対して学校全体でその教育を支える制度が求められるようになります。それは具体的には，障害者（児）がその才能や精神的・身体的な能力を可能な最大限度まで発達できること，また，社会へ自由に参加できることを目的として，障害者が障害を理由に一般的な教育制度から排除されないこと，他の者と平等に質の高い包容的な教育を享受されること，といえます。これらを「**インクルーシブ教育システム**」と呼んでいます（**障害者権利条約** 2006年国連採択，2014年日本批准）。

大事なことは，障害のある子もそうでない子も，共に育つことのできる社会であることであり，学校はその社会を支える一部となっているということです。

また，幼児期の教育では，2017（平成29）年4月に改訂された**幼稚園教育要領**第1章総則の第6には次の部分が追記されました。

> 特に，幼稚園教育と小学校教育の円滑な接続のため，幼稚園の幼児と小学校の児童との交流の機会を積極的に設けるようにするものとする。また，障害のある幼児児童生徒との交流及び共同学習の機会を設け，共に尊重し合いながら協働して生活していく態度を育むよう努めるものとする。

このように，障害のある子に対して，国内外の動向から社会全体で**包容（インクルーシブ）**して教育していくことが求められています。よって，単にそれぞれの学校種だけではなく，移行期間も含めて考えていくことが大事なのです。

（2） 障害のある子を含めた幼児と小学校との接続のあり方

それでは，障害のある子を含めて，就学前施設と小学校とはどのような交流や共同学習の機会を設けているのでしょうか。

例えば，N市では年長になると年に数回，小学校との交流行事があります。最初は，小学校の校庭へ行き，自由に遊ぶことができます。2回目は，交流会として小学校1年生が年長児を歓迎してくれ，一緒に遊んだり，小学校の中を案内してくれます。また，小学校の先生と話をし，小学校がどんなところか，どんな小学生になりたいのかについて話したりします。

図2-1は，2014（平成26）年度に全国の幼稚園や保育所など約2,000

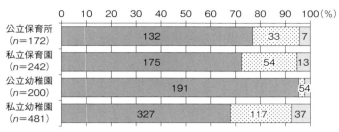

図2-1 幼児が小学生と交流する機会

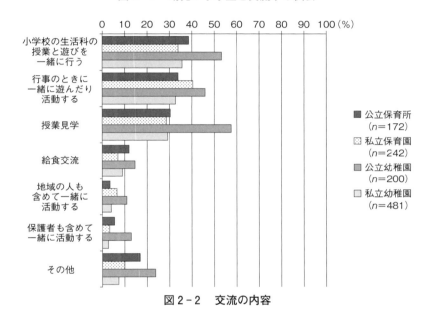

図2-2 交流の内容

園以上を対象としたアンケート調査の結果です（明治学院大学, 2014）。この図2-1から，ほとんど70％以上の園で小学校との交流事業を行っていることが分かります。また，その内容は，図2-2のようになっています。

このように多くの園で**交流事業**が実施されており，同調査では，障害のある幼児にとって交流事業の意義は，「教員が理解してくれる」「就学へ期待と意欲が高まる」「就学への安心感がある」と挙げられている一方で，課題は「回数・時間が少ない」「内容が障害のある幼児にあわせたものになっていない」「小学校の受け入れ体制が不十分」と，まだまだ様々な面で課題があるといえます。

（3） 障害のある幼児の記録による接続

そこで，障害のある幼児にとって就学前施設と小学校とをスムーズに接続するための方法として，様々な記録を活用することが求められてい

ます。小学校の先生にとっては，これから入ってくる障害のある子がどんな子で，どのような園生活を行っていたのかが分かりますし，就学前施設からは，これまでの保育の蓄積を小学校側に引き継いで進めてもらいたいという思いもあり，保護者と障害のある子にとっては，環境が変わっても情報が引き継がれているため，安心して進学することができるからです。

では，どんな記録物があるのかをみていきましょう。

①**幼稚園幼児指導要録・保育所児童保育要録・認定こども園こども要録**

幼稚園幼児指導要録は学校教育法施行規則第12条の3に記されています。**保育所児童保育要録**は2009（平成21）年に改定された保育所保育指針から，**認定こども園こども要録**も，2009（平成21）年の通知において記載することが求められています。

これらの要録は，すべての幼児についてそれぞれに記載し，小学校に送付することが必要となります。記載内容として，①学籍等に関する記録，②指導及び保育に関する記録などがあります。

このような要録の中では，「幼児の発達」や「友達との関係」「生活の様子」「家庭・保護者の特徴」が記されています。しかし，記載内容が広く，また定型発達児も含めた様式となっているため，障害のある子にとっては充分に記録できないという課題もあります。

②**個別の教育支援計画**

個別の教育支援計画（第3章第1節参照）について先の調査（明治学院大学，2014）[1]では，小学校の内，約80％が教育支援計画を作成していますが，就学前施設では，種別によって異なりますが，23～54％と作成状況が低く，この個別の教育支援計画が充分に広まっていない現状もあります。この記録をどのように作成するのかは，園によって異なりますが，園と小学校，それから保護者の3者が共同して作成していくことが大事な要件となります。

③**サポートファイル・就学支援シートなど**

障害のある子にとっては要録だけには書ききれない様々な情報があります。そこで，近年では，**サポートファイル**や**就学支援シート**などと呼ばれる（自治体によって名称が異なります）専用の記録用紙があります。

これらの記録の様式は，統一されていないため，作成状況が異なっていますが，半数の小学校はこれらを受け取っていることが明らかになっています（図2-3，2-4参照）。

1）明治学院大学（2014）．幼児教育の改善・充実調査研究：幼稚園教員・保育士と小学校教員の障害児に対する理解・認識と指導・かかわり方

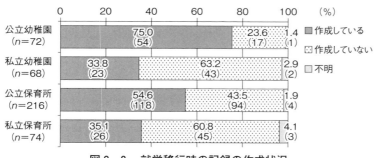

図2-3　就学移行時の記録の作成状況

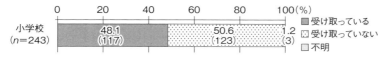

図2-4　就学移行時の記録の受け取り

表2-1　小学校が伝えてもらいたい内容と記載例

① 生活の様子（特に集団行動や対人関係） 「初めてのことに不安がつよく泣いてしまうことがあります」
② 困難の状況 「ぜんそくの発作が季節の変わり目で起こることがあります」
③ 医療機関での診断・相談の記録 「牛乳はアレルギーのため飲むことができません」 「現在，○○病院にて通院をしています」
④ 食事・排泄などの自立の程度 「着替えは大体一人でできますが，服の前後を間違えることがあります」
⑤ 突発的な事態への対処 「集団での行動が苦手ですので，予め何があるのかを説明するようにしています」

（4）記録では何を伝えるのか

　就学前施設から小学校への進学に合わせて必要な記録を紹介してきました。それぞれの記録の中で，それぞれの様式に違いがあるため，一概には言えませんが，これらの記録では具体的にどのような記述がなされているのでしょうか。

　そのためには，まず小学校の先生たちがどのような情報をほしがっているのかが必要となります。ある調査（名古屋市立大学，2016）[2]では，小学校の先生が記録等に記載してほしい内容として次の項目が挙げられました。

　表2-1にあるように，小学校の先生は，実際の就学前施設での生活や集団生活場面において，どれくらい援助が必要かを判断していくための情報を求めています。特にその子の障害によってある程度，想像されうる困難さだけではなく，想定していない状況において，予想もしない行動に対しての情報を必要としています。

2）名古屋市立大学（2016）．幼児期の教育内容等の深化・充実のための調査研究：幼保小接続における学習機会の保障としての合理的配慮に関する研究

第5章　障害のある子どもの育ちを支えるシステム　121

このような情報の共有は，幼稚園や保育所と小学校だけの関係だけでは終わりません。特別支援学校や院内学級，自宅への訪問学級など，その子一人ひとりの育ちに合わせた**多様な学びの場**との連携へとつながっていくのです。
　大事なことは，記録をたくさん記載して一方向的に送るだけではなく，これらの記録をもとに，園の先生と小学校と保護者とが話し合い，その子が学校に通っていく上でどのような体制をとることが，その子の育ちの最善となるのかを考えていくことなのです。

第6章

特別の支援を必要とする子どもを巡る課題

1．特別支援教育からインクルーシブ教育へ
―障害者権利条約からの流れ―

事前課題：発表する準備をしておこう！

> （ア）　障害者権利条約とはどんな条約ですか。
> （イ）　合理的配慮はどんな配慮ですか。

　最後に特別の支援を必要とする子どもを巡る課題とこれからを考えてみることにしましょう。近年の大きな変化としては，合理的配慮など障害者権利条約を契機とする一連の障害者支援改革の流れがあります。この流れの中で，支援を必要とする子どもの保育がどのように進んでいくのかが今後の課題です。

（1）　障害者権利条約

　障害者権利条約は，障害者の人権や基本的自由の享受を確保し，障害者固有の尊厳の尊重を促進するため，障害者の権利を実現するための措置等を規定した条約です。2006年12月13日に国連が採択しました。我が国では2007年9月に署名し，2014年1月に批准し，2014年2月に発効されました（193カ国中141番目）。この権利条約の趣旨として，障害に基づくあらゆる差別の禁止や障害者の地域社会への参加・包容（インクルージョン）の促進等が定められました。

　日本の批准が世界に比べて遅れているという見方もあるかもしれませんが，2011年に改正された障害者基本法や2016年に施行された障害を理由とする差別の解消の推進に関する法律（障害者差別解消法）等の法的整備をする必要があったのでした。批准に向けた環境を整えていくのに歳月を要したといえます。

　障害者権利条約においては，第24条に教育について言及されています。そこには，「障害者を包容するあらゆる段階の教育制度（inclusive educational system at all level）及び生涯学習を確保する」とあります。これを実現するにあたり，確保すべき5つの項目が以下のように挙げられています。

> （a） 障害者が障害を理由として教育制度一般（general educational system）から排除されないこと及び障害のある児童が障害を理由として無償のかつ義務的な初等教育から又は中等教育から排除されないこと。
> （b） 障害者が，他の者と平等に，自己の生活する地域社会において，包容され，質が高く，かつ，無償の初等教育の機会及び中等教育の機会を与えられること。
> （c） 個人に必要とされる合理的配慮が提供されること。
> （d） 障害者が，その効果的な教育を容易にするために必要な支援を教育制度一般の下で受けること。
> （e） 学問的及び社会的な発達を最大にする環境において，完全な包容という目標に合致する効果的で個別化された支援措置がとられることを確保すること。

　このような背景から，障害のある子どもの教育においては，**インクルーシブ教育システム**が進められつつあります。インクルーシブ教育システムとは，人間の多様性の尊重等を強化し，障害者が精神的および身体的な能力等を可能な最大限度まで発達させ，自由な社会に効果的に参加することを可能にするという目的のもと，障害のある者と障害のない者が共に学ぶ仕組みとされています。共生社会の形成に向けて，インクルーシブ教育システムの理念が重要であり，その構築のため，これまで行われてきた特別支援教育を着実に進めていく必要があるとされています。**特別支援教育**とは，障害のある幼児児童生徒の自立や社会参加に向けた主体的な取り組みを支援するという視点に立ち，幼児児童生徒一人ひとりの教育的ニーズを把握し，そのもてる力を高め，生活や学習上の困難を改善又は克服するため，適切な指導および必要な支援を行うもので，2007年から実施されていました。

　インクルーシブ教育システムでは，**障害のある子どもと障害のない子どもが，同じ場で共に学ぶことを追求します**。ただし，それは単に同じ場にいることを目指すのではありません。子どもたちが活動内容を理解し，活動に参加していける実感・達成感をもちながら，充実した時間を過ごしつつ，生きる力を身に付けていけるかどうかが最も本質的な視点になります。

　こういった動向を受けて，2012年7月の中央教育審議会初等中等教育分科会報告（以下，中教審報告とします）「共生社会の形成に向けたインクルーシブ教育システムの構築のための特別支援教育の推進」が出さ

れました。インクルーシブ教育を目指して，以下の3点について，特別支援教育をより発展させていくことが必要とされています。

> ① 障害のある子供が，その能力や可能性を最大限に伸ばし，自立し社会参加することができるよう，医療，保健，福祉，労働等との連携を強化し，社会全体の様々な機能を活用して，十分な教育が受けられるよう，障害のある子供の教育の充実を図ることが重要である。
> ② 障害のある子供が，地域社会の中で積極的に活動し，その一員として豊かに生きることができるよう，地域の同世代の子供や人々の交流等を通して，地域での生活基盤を形成することが求められている。このため，可能な限り共に学ぶことができるよう配慮することが重要である。
> ③ 特別支援教育に関連して，障害者理解を推進することにより，周囲の人々が，障害のある人や子供と共に学び合い生きる中で，公平性を確保しつつ社会の構成員としての基礎を作っていくことが重要である。

　これらを目指す上で重視されているのは，**合理的配慮**とその基礎となる環境整備（**基礎的環境整備**）の観点であるといえます。この合理的配慮という考え方について理解を深めていきましょう。

（2） 合理的配慮（reasonable accommodation）

　障害者権利条約第2条において，合理的配慮とは，「障害者が他の者との平等を基礎として全ての人権及び基本的自由を享受し，又は行使することを確保するための必要かつ適当な変更及び調整であって，特定の場合において必要とされるものであり，かつ，均衡を失したまたは過度の負担を課さないもの」（傍線は筆者による）と定義されています。傍線部に示されているのは，障害のある人たちが平等に人権を行使する上で支障となっているルールの変更であり，いわゆる，「社会的障壁の除去」です。加えて，それが「特定の場合において必要とされるもの」，つまり，個々の特定の場面における障害者個人のニーズに応じたものであるといえます。

　ここで合理的配慮の「合理的」の解釈には注意が必要です。「合理的」の英訳は，reasonableであり，rationalではありません。均衡を失したまたは過度の負担を課さないという文言から，「経済合理的」，「目的合理的」という意味でのrationalを想起してしまいがちです。しかし実際

にはreasonableであり，「理に適った」というのが正しい解釈です。誤解を生まない意味でも，合理的配慮を「理に適った配慮」と読み替えて理解していくようにしましょう。

「理に適った配慮」とはなにかを考えていく時に，2012年7月の中教審の報告において合理的配慮の観点が提示されており，理解を深めることができます。文部科学省の定義によると合理的配慮は，「障害のある子供が，他の子供と平等に「教育を受ける権利」を享有・行使することを確保するために，学校の設置者及び学校が必要かつ適当な変更・調整を行うことであり，障害のある子供に対し，その状況に応じて，学校教育を受ける場合には個別に必要とされるもの」であり，「学校の設置者及び学校に対して，体制面，財政面において，均衡を失した又は過度の負担を課さないもの」と定義されています。この合理的配慮の充実を図るためには，基礎的環境整備の充実を図っていくことが必要とされています。合理的配慮と基礎的環境整備との関係を端的に表したのが図1-1です。またそれぞれの観点を示したのが図1-2です。

障害者権利条約によると，合理的配慮の否定は障害に基づく差別であるとされます。また合理的配慮の充実を図る上で，基礎的環境整備の充実は欠かせないとされています。

この事情を分かりやすく説明しているのが図1-3になります。

3人の子どもたちが球場に野球を観戦に来ています。まず左図を見ると，野球を観戦するための箱が1人1個ずつ与えられています。しかし，背の低い子どもは視界をフェンスに遮られ，野球を観戦することができていません。一方で右図は，背の高い子どもの箱を背の低い子どもに移動しています。箱を2個使うという配慮をすることによって，すべての子どもが野球を観戦することができました。野球を観戦するという目的に合わせた配慮があれば，すべての子どもたちが観戦を楽しむこと

図1-1　合理的配慮と基礎的環境整備の関係（文部科学省，2012）[1]

1) http://www.mext.go.jp/component/b_menu/shingi/toushin/__icsFiles/afieldfile/2012/07/23/1321673_1.pdf

2) http://www.mext.go.jp/b_menu/shingi/chukyo/chukyo3/044/attach/1323312.htm

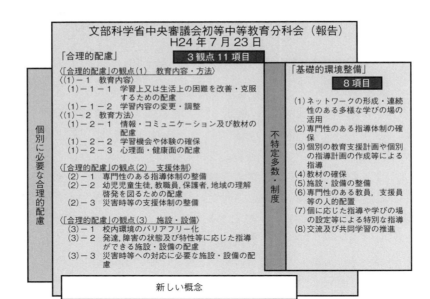

図1-2 合理的配慮と基礎的環境整備の観点（文部科学省，2012）[2]

3) http://www.joebower.org/2013/06/fair-isnt-equal.html

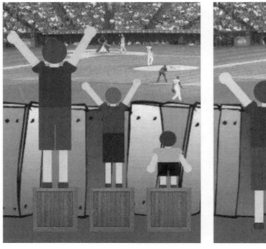

図1-3 公平は平等ではない（合理的配慮を表す図）[3]

ができました。つまり合理的配慮とは，**目的に合わせた配慮**ということになります。

　この考えを保育に置き換えてみると，絵本や集団での遊びなどの活動に参加するという目的を達成することを第一に考え，障害のある子どもたちが参加しやすくなる工夫を行っていくということになります。一人ひとりの子どもに合わせた変更や調整を行うためには，先の図の野球を観戦するための箱があるという環境も大切になります。こういった環境整備と活動の目的に合わせた配慮を行うことが保育における合理的配慮であると考えられます。

しかしながら，保育における合理的配慮については十分に議論が煮詰まっていないのが現状です。教育・保育の現場では，まだその意味を十分につかみ切れているわけではありません。保育は生活に根付いており，生活を送っていく中で障害のある子どもたちが抱えている困り感は実に多種多様であり，図1-2のような観点を提示していくことはなかなかに難しいことです。また，合理的配慮とこれまでの保育において行われてきた配慮との間に明確な差異があるとはいえません。保育における合理的配慮をどのように考えればよいのかが課題となっています。

　保育における合理的配慮を考えていく上で，保育ならではの観点を1つ指摘できます。それが，「子どもの最善の利益」という観点です。

　「子どもの最善の利益」とは，保育所保育指針でも「…入所する子どもの最善の利益を考慮し，その福祉を積極的に増進することに最もふさわしい生活の場でなければならない」と明記されているように，保育の中では広く浸透している言葉です。網野（2002）は，「子どもの最善の利益」を「子どもの生存，発達を最大限の範囲において確保するために必要なニーズが最優先されて充足されること」と述べています[4]。

　このように子どもの安全を確保し，その成長・発達に資する配慮こそが，保育者がこれまでも目指してきたところです。つまり，保育という生活の場において，特別の支援の対象となる子どもたちの「最善の利益」になることを探り，それを達成するために理に適った配慮を行うこと，これが保育における合理的配慮と考えられます。ICFをもとに，障害を生活のしづらさと考えることを第1章で述べましたが，逆に生活をより過ごしやすくするための配慮を私たちは目指していきたいものです。この考えが保育者の間で共通理解されていけば，合理的配慮が保育現場で広く浸透していくことになるかもしれません。特別の支援を必要とする子どもに対する配慮とは何かを考えることは，保育者にとって今後も課題になってきます。

4）網野武博(2002)．児童福祉学―〈子ども主体〉への学際的アプローチ　中央法規出版

2．NPO・学童保育

（1） 支援の場の，広がりとつながり

事前課題：発表する準備をしておこう！

> （ア） これまで障害がある人とどのようなかかわりがあったか振り返ろう。
> （イ） 障害がある子どもが地域で育つことの意義について考えよう。
> （ウ） 障害がある人の「生涯にわたる支援」には何が重要か考えよう。

保育所で障害児の受け入れが始まる前から，篤志的な幼稚園や自治体では，保護者を中心にした自助グループが自主的な保育を始めていました[1]。その多くは社会教育活動団体やNPO団体の形をとっています。「NPO」とは「Non-Profit Organization」または「Not-for-Profit Organization」の略称で，様々な社会貢献活動を行い，団体の構成員に対し，収益を分配することを目的としない団体の総称です。このうち，特定非営利活動促進法に基づき法人格を取得した法人を，「特定非営利活動法人（NPO法人）」といいます。

NPOは法人格の有無を問わず，様々な分野（福祉，教育・文化，まちづくり，環境，国際協力など）で，社会の多様化したニーズに応える重要な役割を果たすことが期待されています。

これまでの章でみてきたように，障害者総合支援法によって障害児へのサービス提供体制は様変わりしました。障害のある子どもの「居場所」ということを考えると最近は特別支援学校からそのまま放課後等児童デイサービスに向かう子どもも多くなり，保護者もある程度安心できる状態になったように見受けられます。しかし，障害のある子どもとその家庭への支援は「子ども時代」を過ぎても長く必要です。また，発達障害者支援法でそれまで「認定」されてこなかった，一見，配慮の必要性が感じられない子どもへの支援が謳われました。本節ではNPOによる地域の障害児の自主保育サークルと小学校に設置されている学童保育の事例から，障害のある子どもが「地域で育つ」ことと，「生涯にわた

1) 4章―1の事例のグループの前身もこれにあたります。

る支援」のために必要なことについて考えてみましょう。

（２） NPO―自主保育サークルの事例の紹介―

　私が指導員という立場でかかわっている障害児学童保育Ａは，常時開設の学童保育ではなく，地域の母親たちが長期休みの間だけ運営している手作りの子どもの居場所です。今のように事業所のデイサービスが整う以前，「長い休み，この子たちをどうするの」という親たちの素朴な，また切実な願いから，県の障害児夏休み支援事業の補助を受け，2002年に発足しました。登録児は毎年多少の入れ替えはありますが，市内の自閉症，ダウン症，難聴，知的障害などのある子ども，また診断は受けていないものの地域の支援学級に通う子ども10人程度です。有償の指導員が２名，大学生・高校生のボランティアが子どもの数だけ配置され１対１で担当します。場所は市民プール，母子センター，公民館，特別支援学校など公共の資源を使います。

きりたの事例

> きりた：地域の公立小学校支援学級に在籍。家族構成　両親ときりたの核家族。１歳８カ月検診でことばの遅れと過度な人見知りを指摘され，２歳から療育施設Ｂ園に通所。４，５歳時は地域の保育所に通う。就学時に，両親の積極的な医療受診により広汎性発達障害と診断されている。

　最初の年のきりたは先導するりょうくんの後を追って遊ぶことしかしませんでした。私が「きりたくん，シャツが裏返しになってるよ」と，言っただけでキーっという表情になり，「お前が悪いんじゃよう」と毒づくような「とげとげしい」顔を見せる時と，落ち着いて作業する時の矛盾するような姿が目立っていました。人を求めながらも，自らその関係を壊してしまうような乱暴な行為もあって，私はこの子を好きになれるだろうかと思ったものです。

　ところが，３年目にはこのような姿がみられるようになりました。

> 　私は引き続き，トシと砂絵に取り組んでいた。ふと気がつくと，いつの間にかきりたが部屋に帰ってきていた。私が「きりたくん，どうしたん？」と声をかけると，うーんと浮かない顔ですぐには答えず，所在なさそうに自分の砂絵の作品を手に取ったりしている。そして，思い立ったように急に饒舌になり次のようなやりとりをした。「あんな，ぼくはな，まだ３年生やしな…ドッジボールもなあんまり習ってへんのや」「そうなんや」「あんな，だからな，ボール上手に投げられへんねん」
> 　どうやら体育館でボール遊びをしてきたらしい。きっと，りょうに上手にボールを投げられないことを指摘されたのだろう。「ふーん，りょうくんがきりたにな

> んか言うたん？」きりたはそれには答えない。「いやな気持ちがしたんやね」と言うと，こくりとうなずく。「トランポリンしに行こか？」と誘ったがきりたは「いや，いいわ」と，寂しげに言うだけで，体育館にもどろうとはしなかった。

> 　一通り戦いごっこを繰り広げた前半が終わり休憩の後，りょうはプールサイドに置かれていたデッキチェアに横になり，リゾート気分を醸すような遊びを始めた。それを見つけたひとしも椅子に座りたくなり，「どいてよう，どいてよう」と，わずかな隙間に身体を割り込ませようとしたり，力づくで押したり，あの手この手を使ってりょうを椅子から下ろそうとする。りょうは口をきゅっと結んでがんとして動かない。2人が小競り合いを続けているのをプールから見ていたきりたは少し微笑むようなやわらかな表情で「りょうくん，代わってあげれば」と言う。りょうは目を閉じて腕組みをし，いやいやをするように首を横に振る。きりたは残念そうな顔をしたが，それ以上は追求せず，やりすごした。

　3年の間にきりたは自分を客観的に振り返り，苦手なことも現実のこととしてしっかり見つめるということができるようになっています。また，それにつながって他者の気持ちを分かり，思いやりのある発言もしているのです。

　きりたにとってAは「今，ここの活動」を楽しむだけの場所です。現実の保育や学校の生活にはどうしても制約が多くなります。きりたに「なに」とは言語化できない居心地の悪さが蓄積されていくのですが，Aはそれが解放できる，そうしてもよい場所として認識されているのではないでしょうか。Aに発達を促進するという意図はありません。しかし，どの子も変わっていくのです。

　またAでは，気心の知れた保護者たちが，運営の理念と子どもの姿を共有しています。長く付き合いを積み重ねることで，保護者にも子どもにも安心感が作られました。Aの初期の頃のメンバーは次々と大人になっていき，年かさの人たちはそれぞれ作業所で働いています。それでも年に数回は集まってAの活動を一緒にしたり，グループ旅行を楽しんだりしています。学齢期に結ばれたきずなを大切にし，充実した余暇生活を続けていきたいとメンバーたちは考えています。

（3）　学童保育

　学童保育は児童福祉法第6条の3第2項の規定に基づき，保護者が労働等により昼間家庭にいない小学校に就学している児童に対し，授業の終了後等に小学校の余裕教室や児童館等を利用して適切な遊びおよび生活の場を与えて，その健全な育成を図るものです。2002年度から完全学校週5日制が実施されたことや，核家族化，共働き家庭の増加，子どもの文化的生活の変化，地域の安全性の低下等の社会的文化的流れに伴

い，放課後の子どもの居場所の確保の必要性が増してきたことから，文部科学省は2007年に「放課後子ども教室推進事業（放課後子ども教室）」を創設しました。これは「保育に欠ける」児童だけではなく「地域の子ども全般を対象とする」とし，すべての子どもを対象としており，"インクルーシブ教育的"に障害児を受け入れることが可能なシステムであると考えられます。しかし，すべての学童保育で障害のある子どもが歓迎されているかといえば，そうはいかない現状があります。それは

- 設置主体が財政的に厳しい
- 障害をもつ子どもは親がみるべきであるという考え方
- 指導員の「専門性」についての不安

などの理由が考えられます。

2015年から実施されている「子ども・子育て支援制度」では学童保育の指導員に対する専門資格「放課後児童支援員」が創設され，学童保育1つに2人以上の配置が義務付けられました。障害のある子どもがどのように遇されるかをこれからも見守っていく必要があります。

ではここから小学校の学童保育で指導員をしている大学生の手記をご紹介します。これを通して，障害のある子とそうでない子が共に過ごす意味について考えてみましょう。

エピソード①　指導員の悩み

> 1年生のやすしは，広汎性発達障害の「疑い」のある男児である。4月，学童保育指導員初日の私は，朝一番に来たやすしと一緒に遊んだ。それを契機にやすしは私を見つけるといつも「先生遊ぼ」と声をかけてくれた。
>
> 仕事に慣れ始めた6月頃，やすしは「先生，これ書いて」「次はこれ」「先生これやってー，できひん」と私に甘えてくることが多くなった。私に慣れてくれたのだとうれしい気持ちもあったが，自分ができることは自分でしてほしいと思い，「やすし君自分でできるやろ，やってみて」と促すのだがしようとしない。友だちにちょっかいをかけたり，おもちゃを独り占めしたりすることもあった。
>
> 掃除の時間になると「先生これ片付けといて」と言って，自分の荷物も整理しない。帰りの片付けの時間も雑巾を用意している指導の先生から遠ざかり，掃除をしようとしない。私は「みんな掃除してるからしよう！　ほら，早くー」と優しく言ってみたり，雑巾を渡そうとしても逃げ回るだけでいうことを聞かない。優しく言っても聞かないのならと，大声でみんなの前で叱ってしまった。してはいけないと思っても，どうすればよいか，叱り方に悩んだ。

「指導員」という名前はついていても，学生は自分自身がこの場所に慣れることに懸命です。子どもの方からかかわってきてくれて，初めて「自分が存在できる」といった感じでしょう。そんな中での協調性のないやすしの行動。つい大きな声で叱ってしまってから反省しきりです。

エピソード②　様々な子どもの「顔」

> 　2人は1年生。しのぶちゃんは活発でリーダー的存在だが自分の思うようにならないと大声を張り上げたり，友だちにいじわるなことを言って指導員を困らせたりする。まいちゃんは支援学級に在籍し，通常学級と支援学級の両方を行き来している。明るく活発で人とかかわることはでき，友だちもいる。しかし，考えていることを言葉にすることがむずかしいようで，幼稚園のころから一緒のしのぶちゃんを一番頼りにしている。支援が必要な子どもには，必ず指導員が1人そばにつくことが決まっており，その日の私はまいちゃんの担当だった。
> 　その日，まいちゃん，しのぶちゃん，私の3人でトランプのスピードというゲームをすることになった。このゲームは2人で対戦するゲームなのでしのぶちゃんの希望でまず，しのぶちゃんと私が勝負することになった。その後，横で見ていたまいちゃんが「次は私と先生！」と言い，カードをきって配ってくれた。
> 　そんなとき，しのぶちゃん，まいちゃんとなかよしメンバーである女の子2人が「先生のスピード見るー」とやってきた。まいちゃんと私のスピードが始まった。最初はまいちゃんも必死でトランプを出していたのだが，だんだんその手が止まってきた。そのとき，このままではMちゃんが負けてしまうと思ったのか，後から来た2人が勝手にMちゃんの手元のトランプを出し始めた。まいちゃんは頭ではわかっていてもすぐにカードを出すことができないのだ。女の子2人が次々とカードを出すのでまいちゃんは全く何もできない状況になっていた。そのとき「教えたらあかんでっ！」と大きな声が飛び込んできた。しのぶちゃんだった。「なんであんたらが勝手に出すんよ。そんなん手伝ってあげたり助けてあげたりしてるんとちゃうで。そんなんしたらあかんで。まいちゃんはちゃんと一人でできるんやで，わかってるんやで」強い口調でしのぶちゃんは訴えた。2人の女の子は下を向き「だっておそいんやもん」と，一言こぼした。まいちゃんはうれしそうに「うん，できる。ありがとう」と，しのぶちゃんに言った。

　日頃の行動から，実はこのエピソードの筆者はしのぶちゃんにいささかのかかわりづらさをもっていました。後からやってきた2人はまいちゃんに加勢したかったのかもしれません。しかし，しのぶちゃんにはまいちゃんをないがしろにしているように見えたのでしょう。筆者もまたしのぶちゃんの思いやりの心を感じ，見方を改めたのでした。

エピソード③　ほっとするひととき

> 　はるか（2年生）は夏休み前に他県から転校してきた。普段から1年生の妹の面倒をよくみ，自主学習の時間には算数などのわからない問題を一緒にしてあげたりする。転校してきたばかりということもあってか，ほとんどの時間を一人でおとなしく本を読んでいる。大掃除のときなどみんなで活動するときは率先して雑巾がけや自分のできることをしてくれ，本当にまじめで落ち着いていて，高学年以上に大人びているなとの印象を持っていた。ちかちゃんは少し知的な発達が遅れている要支援の子どもで，動作は遅いが，いつもにこにこしている女児である。
> 　ある日の学童の教室内の自由遊びの時間のことである。その日は普段と比べて子どもの人数も少なく，穏やかな一日だった。もうすぐ学童作品展があるので，その作品の一部である，自分の似顔絵を小さい用紙に描くという作業をはるかと

> ちかちゃんとで行っていた。
> 「作品展に出すから自分の似顔絵をこれに描いてくれる」と，私が用紙を渡すと2人は喜んで取りかかった。私も横に座って，3人でおしゃべりをしながらカレンダー作りをしていた。急にはるかが今まで見た中で一番の笑顔で「私，なんかうれしい！」と，言った。私は驚いて「どうしたんはるか，何がうれしいん？」と言うとはるかは「うーん，なんかうれしい気持ちになってん」と言った。するとちかちゃんも「ちかもなんかうれしい」と笑顔で返した。私は驚きと喜びの気持ちでいっぱいだった。

いつも「優等生」のはるかに，エピソードの筆者は気の抜けないはりつめたものを感じていたようでした。図らずもちかちゃんとゆっくりした時間ができ，はるかもリラックスできたようです。そして2人は言葉では表せない通じ合いを感じています。筆者もそれを感じ，またうれしくなりました。学童保育は学校でもない家庭でもない，子どもの"素の顔"が見え隠れする独特の空間です。そこでの出会いや体験が子どもに新しい価値，ものの見方をもたらすこともあります。

（4） 障害のある子どもと「共に生きる」社会を見据えて

障害のある子どもの生涯発達を見据えた，自立と社会参加と共に，人生の豊かさを求めることも考えられるようになりました。一人ひとりの子どもが楽しいことを見つけ，生き生きと暮らせるような余暇活動の支援が求められています。多様性を認め合う社会を模索することも，私たちに与えられている課題でしょう。幼少期に地域のNPOで家族ぐるみの交流をもつことや，学童保育で障害のある人とそうでない人が出会う体験は，その課題に対する一つのアプローチとして大きな可能性を感じさせるものです。

終章　「共に育つ」礎になること

　特別の支援を必要とする子ども（以下，支援児とします）の保育・教育を考えていくと，彼らと共に生活することを通して，人とのかかわりにしなやかさが生まれるなど，生き方や考え方が変容していく私たち自身に気づくことがあります。本書は，支援児だけでなく，その周囲の子どもたちや保育者，また保護者や地域の人たちも含めて，それぞれが「共に育つ」保育・教育のあり方を多角的に考えてきました。

　「共に育つ」保育・教育の重要性は，これまでも様々に述べられてきたところです。保育所保育指針や幼稚園教育要領，幼保連携型認定こども園教育・保育要領の改訂前と改訂後とを比較しても，大事にされていることが読み取れます。

　保育所保育指針においては，旧指針（平成20年告示）の第4章の1，保育の計画（3）ウ障害のある子どもの保育の文言と，新指針（平成29年告示）の第1章総則の3，保育の計画及び評価キにおいて，以下の文言は変わりませんでした（下線部，傍点は筆者による）。

> 　障害のある子どもの保育については，一人一人の子どもの発達過程や障害の状態を把握し，適切な環境の下で，<u>障害のある子どもが他の子どもとの生活を通して共に成長できるよう</u>，指導計画の中に位置付けること。また，子どもの状況に応じた保育を実施する観点から，家庭や関係機関と連携した支援のための計画を個別に作成するなど適切な対応を図ること。

　また幼稚園教育要領でも，旧要領（平成20年告示）の第3章の2，特に留意する事項と，新要領（平成29年告示）の第1章総則の第5，特別な配慮を必要とする幼児への指導において，以下の文言は変わりませんでした（下線部は筆者による）。

> 　障害のある幼児などへの指導に当たっては，<u>集団の中で生活することを通して全体的な発達を促していくことに配慮し</u>，特別支援学校などの助言又は援助を活用しつつ，個々の幼児の障害の状態などに応じた指導内容や指導方法の工夫を計画的，組織的に行うものとする。

　いずれにおいても，支援児と共に生活することが，周囲の子どもたちの育ちにもつながっていく保育・教育が目指されているといえます。一方で，母国語や貧困の問題等による特別の教育的ニーズのある子どもが園に在籍するようになってきたことや，個別の支援計画を作成し，活用することに努めることなどが新指針・要領では謳われるようになり，保育者がより留意しなくてはならない面も出てきました。

時代の流れの中で，保育が変化していくことは多々あるのですが，ここまで各執筆者が大事にしてきた「共に育つ」という観点のもつ意味について，終章で述べていきたいと思います。

　支援児たちが保育の場で「共に育つ」ということは，定型発達との差異をできるだけなくし，クラス等の集団生活の流れに追いつくことが目的でないことを，本書からご理解いただけたのではないかと思います。むしろ大事にしなければならないのは，子どもであれ，保育者であれ，保護者であれ，園での生活の中で生まれてくる「生きづらさ」を和らげていくこと。これこそが，支援や援助の大きな中身なのです。
　誰であっても「生きづらさ」を一人で抱えてしまうのはとても辛いことです。「生きづらさ」をどのように乗り越えていくのかという問題を，誰か一人が抱えてしまうのではなく，支援児やその家族，また保育者や周囲の子どもたちとが一緒になって考えていくことが肝心です。それぞれの人の視点からの様々な気づきやアイデアが持ち寄られ，お互いを支え合うかたちが生まれてくるところに，真に子どもに寄り添った支援があります。これをモデル化したものが以下の図1になります。
　支援を考える時，図1の中心を子どもにして検討する場合がよくみられます。支援児についての話し合いをしているのですから，子どもを中心に置くのはたしかに自然なのかもしれませんし，連携が取りやすい場合もあるでしょう。ただ，支援児自身も自身の「生きづらさ」を何とかしたいと思っている場合もあるでしょう。また支援児を中心としながらも，実は負の側面しか取り上げられないことが多々あるように思います。私たちが考えるべきは，それぞれの人が抱える「生きづらさ」であるということを意識するため，図1の中心に「生きづらさ」を置きました。加えて，その裏側にある支援児の興味や関心にも目を向けることが求められています。
　こういった支援の中で，お互いの「生きづらさ」が和らいでくれば，保育者をはじめ周囲の人たちに対する信頼感と，自身に対する自己肯定感という心の育ちが，支援児に徐々に芽生えてきます。また保育者や周囲の人たちも，支援児に対する愛

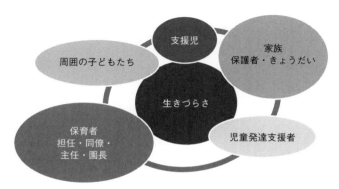

図1　「生きづらさ」を中心においた支援モデル

情をより深いものとし，また子育てや保育を前向きにやっていけるという自信になっていきます。ですから，「生きづらさ」が生じるところに，実は，支援児と周囲の人たちとが「共に育つ」可能性が広がっているのかもしれないのです。

こういった状況を生み出していくためには，支援児であれ，保育者であれ，それぞれの人の抱えている「生きづらさ」を見抜いていくことが大切になってくるといえるでしょう。では，「生きづらさ」を保育者が掴んでいくにはどうしたらよいのでしょうか。筆者が大事にしているポイントを3つ述べます。

1点目は支援児の育ちの背景に注目することです。障害をはじめとして，支援の必要性のあることが，その子だけでなく，その保護者をはじめ，家族や周囲の人たちにも様々な葛藤を引き起こすことになります。

それゆえ，支援児の気持ちを受け止めたいものの保護者が受け止めきれず，また支援児自身も受け止められていないという感覚が積み重ったことによる困り感があります。その満たされない気持ちから，様々な負の行動が生じている可能性があります。「生きづらさ」の背景にある，満たされていないところを探っていくことが求められています。

2点目は，保育の場には常に矛盾があることです。これまでも様々に指摘されてきたことですが，集団で生活をしていれば，支援児の気持ちを押し通すわけにもいかず，周囲との折り合いをつけなくてはならないことが多々あります。園で一緒に生活していると，支援児とその子にかかわるお友だちとお互いの気持ちを両立させることがなかなか難しいことがあり，そこに「生きづらさ」が生まれてくる可能性があります。

3点目は，保育者のかかわりの中にある願いと困り感は表裏一体であるということです。子どもの成長を願わない保育者はいませんが，その願いがうまく叶えられないところに保育者の困り感が表れます。一方その裏側には，保育者の願いに応えられないでいる，子ども自身の困り感が浮かび上がってきます。私たちの願いが，実は生活上の困り感となり，「生きづらさ」になっていないかを問い直すことが求められます。

以上のような観点から，共に生きる人たちの抱える「生きづらさ」を掴み，それらを和らげることに重きを置き，「共に育つ」かたちを探っていく営みの大切さを，本書でみなさんに伝えられればと思います。

その一端が示唆されるエピソードを最後に紹介します。序章でこども園での事例を紹介いただいた和仁先生の園でのもので，2年目の保育者の方が描いたエピソードです。

＊　　　＊　　　＊

事例　ダイちゃんの心になったる　　　　　　　　　　　　　　　　（和仁正子）

保育者が迷い戸惑いながらも，共に育ち合う保育を紡いでいこうとする日々を支えるエピソードがあります。

ダイさんが，園庭を指さし「ア……ァ」「ト……テ」と，保育者に訴えています。保育者もダイさんの言葉を受け「あっち？」と応えますが，意が通じ合えず，ダイさんが伝えることを諦めかけた時です。けんさんが「ほら見て　先生」「トラックが走っとる」「あっまたトラックや」と，ことばを添えてくれました。

　私たちは，話し言葉に耳を傾けてしまい，かえって，発音の不明瞭さが耳に残ってしまいます。ですが，子どもたちは，指差す彼方まで目を向け，ダイさんの言葉を理解しています。

　遊びから食事など生活の流れが切り替わる時にも，躊躇しているダイさんに「レストラン行こう」と誘ってくれたり，さり気なくお茶を汲んでくれたりとごく自然に手を添えてくれます。

　また，走り回るのは大好きですが，ボタンをはめたりハサミを扱ったり手先を動かすことは苦手です。ダイさんが，ボタンをかけ終わるまで，急かすことなく待つさくらさん。こういう姿を目の当たりにする度に，自分でボタンをかけることはもちろん大切なことですが，ボタンをかけるまで待つ間に通い合う2人の心のつながりが何より大切であると，子どもたちが私たちに気づかせてくれます。

4歳児4月　「僕がダイちゃんの心になったる」

〈背景〉
　保育者になり2年目。引き続き，この子たちの担任になりとてもうれしい気持ちと，正直わたしでいいのだろうかという不安があった。実際保育をしていくと，毎日毎日が反省と失敗の繰り返しだ。「あの時，ちょっと言い過ぎたよな」「あの時もうちょっと寄り添ってあげられていれば」と，家に帰ってふっと力が抜けると一人で反省する。
　子どもたちと遊んでいると，ストレートに意見をぶつけてくれるのでとっても面白い。子どもってとっても純粋で素敵な心を持っているなぁと感じる。一方で大人の目ばかり気にしすぎて，肩に力が入りすぎている子や，大人とうまく駆け引きをする子とさまざまである。一人ひとりの性格を見抜いていくのは難しい。だからせめて，日常の小さな一つ一つを大切にしていきたい。
　今回のエピソードは，友だち同士のやり取りで，とってもほっこりし，子どもに学んだので記述したい。

〈エピソード〉
　響組（3歳児）の時からとても流行っているサッカー。まだルールはあまりなく手を使わずに足でボールを蹴って，ゴールに入ったチームに得点が入る。男児にとても人気のある遊びで毎日のように楽しんでいる。
　ダイ（4歳9か月）と，てる（4歳8か月）たちのチームVSけん（4歳8か月）たちのチームでゲームをしていた。ゴールに入った瞬間，「やったーぁ！！」と，ジャンプをしながら叫び喜びを表現するけん。てるは，入った瞬間小さくガッツポーズをし，クールに喜ぶ。それぞれの喜びの表現も違って面白い。
　私（保育者）も仲間に入ろうとしていた時，ダイの蹴ったボールがたまたま，けんの頭にストライク。頭に当たって痛いけんは「こらぁ　痛いだろ」と，大きな声でダイに怒った。ダイは落ち込み，近くのベンチに座り頭を下げる。「痛かったね。けど，ダイちゃんは悪気があって頭に当てたわけじゃないから許してあげてくれる？」と，けんに声をかけると，すぐにサッカーをやり始めるけん。ダイはというと，落ち込み動かない。「ダイちゃん，たまたま当たっ

ちゃうことは誰でもあるから大丈夫だよ。ちょっと，けんちゃんの言い方怖かったね」さらに怒られたことに焦点を当てるのでなく，楽しいサッカーの方に焦点を当ててもらおうと，「ダイちゃんのチーム今負けちゃってるよ。ちょっと，ダイちゃんの力が必要や」と言うと，気持ちを取り直し戻るダイ。

だが，ゲームをしているとまた，けんの頭にストライク。「わぁ，またや。やばい」と思った時にはもう遅く，怒られて落ち込むダイ。また励まし復活して笑顔で楽しんでいるダイ。やっと落ち着いて楽しめるかなと，思っていると三度けんの頭に当ててしまったダイ。ダイもしまった…という顔。同時に，「こらー」さすがに3度目ともなると，さらに声が荒いけん。がっつり落ち込むダイ。よりによって「また」と思いつつ，ダイ自身で気持ちを切り替えることが難しいため，ダイに寄り添って声を掛けた。

てるは，そんなやりとりを何度も見ている。ダイをなんとか励まそうと，「ダイちゃんはてるが守る。てるがダイちゃんの心になったる」と，大きく手を横に広げて迎えてくれた。

そんなやり取りをみて，「またか…」と，感じてしまった大人げない私。てるの温かい一言にとてもほっこりする気持ちになった。こんな正義感のある，てる。かっこいい。

＜考察＞

この日はたまたまダイの蹴ったボールが，けんの頭に当たってしまい，けんはもちろん怒る。まさに子どもらしい。ダイも当てるつもりはないが，なぜだか，けんの頭の方へボールが行ってしまう。怒られて落ち込むダイ。傍らにいたてるにはどのように映っていたのだろうか。きっと，言い返さずに何度も落ち込む姿を見て「僕が守ってあげよう，ダイちゃんの心になろう」と，思ったのだろう。このてるの純粋なやさしさに私は心打たれた。同時に，ダイは言葉がはっきりせず，育ちがゆるやかな面がみられるので，「ダイちゃんやで…」と，一歩下がる子どもたちもいる中で，真正面からダイに向き合っていく，けんの素直さも清々しい。

子ども同士でぶつかり合ったり，守り合ったりできるようになっている姿を見て本当に感動した。

何気ない日常で繰り広げられる貴重な場面。今後も見逃さずに，見届けていきたい。

和仁先生から

このエピソードでは，3人（瑞々しい保育者も入れると4人）の輪を強く感じました。偶然とはいえ3度もボールを当てられたけんさん。怒って「もう止めた」とその場を去ってもおかしくありません。たまたまボールを当ててしまったダイさん。気を落として止めることもあるでしょう。また，てるさんがダイさんを連れて他の遊びに移ることもあるかもしれませんし，てるさん自身傍観して他の子どもたちとサッカーを続けているかもしれません。そんな中，3人は止めずにサッカーを楽しんでいます。真正面からぶつかる，けんさんの「こらぁ」の言葉の奥に「もうしゃぁないなぁ」という心持ち，落ち込みうな垂れながらも「ごめん。でも一緒にサッカーやりたいな」という，ダイさんの心持ち，二人の心持ちを感じ取り力になろうとする，てるさんの心持ち。それぞれの心持ちが，3人（4人）の輪をさらに強いものにしています。この心のつながりこそが共に育つ礎になると思います。

戸惑ったり，つまずいたり，気落ちしている人の心になりたい。一緒に居たい。無心に心を躍らせ遊びたい。子どもたちからの力強いメッセージに心寄せながら保育を紡いでいきたいです。

＊　　　＊　　　＊

まとめとして

　保育の場で生活していれば，何らかのトラブルの起こることがあります。それは支援児がいなかったとしても起こることでしょうが，支援児の周りでよく起こることではあります。その時に大事なのは，支援児たちと共に生活することを通して，私たちがどのような心持ちを感じ，身に纏っていくのかということです。それを教えてくれるエピソードでした。保育の場には，特別の支援を必要とする子どもが周囲の人たちと「共に育つ」礎となる体験が日常にあります。それを見逃さずに，大切にしていくことのできる私たちでありたいものです。

あとがき

　本書の作成にあたり，多数の執筆者の方にお世話になりました。真摯に保育の場とむかいあうみなさんにご協力いただけたことに心から感謝します。また，ひきえ子ども園の川畑泉先生，森えり佳先生，放課後デイサービス「ばおばぶ」のみなさん，NPO法人フローレンスのみなさん，村上理真さん，はじめ事例を提供いただいたみなさんにはこの場を借りてお礼申し上げます。またナカニシヤ出版の山本さんには，なかなか原稿が揃わない中でも，企画の提案から丁寧な校正までいただきました。お詫びと感謝の気持ちを伝えたいと思います。

　支援が必要な子どもたちとむかいあう保育者のみなさんや，保育者の卵である学生のみなさん，また保護者の方や施設で働くみなさんにとって，多少なりともお役に立ち，明日からの保育に前向きに歩んでいくことを願い，本書を閉じることとします。

索　引

あ

ICIDH（International Classification of Impairments, Disabilities and Handicaps）　18
ICF（International Classification of Functioning, Disability and Health）　19
ICF-CY（Children and Youth Version）　20
ICT（Information and Communication Technology）　41
浅井春夫　55
網野武博　129
生きづらさ　138
1歳6か月児健診　34,110
井上雅彦　97
医療的ケア　45
岩坂英巳　97
インクルーシブ教育システム　67,118,125
インクルーシブ保育　66
インクルージョン　58,65
Vadasy, P.　102
NICU　46
NPO法人　130
大倉得史　101
大島一良　44
大島分類　44
大沼直紀　25
オルシャンスキー（Olshansky, S.）　96

か

柿澤敏文　22,23
学童保育　132
学校保健安全法　113
加配保育士　61
感音難聴　25
基礎的環境整備　126
吃音　36
ギデンズ（Giddens, A.）　70
気になる　50

木原久美子　50
ギフテッド　41
虐待　54
教育支援委員会　114
鯨岡峻　51
ケース会議　78
限局性学習障害　40
限局性学習症　40
言語聴覚士　93
健診事後フォロー　113
口蓋裂　36
合理的配慮　126
国際障害分類　18
国際生活機能分類　19
こだわり　37
ことばの教室　115
子どもの最善の利益　129
子どもの貧困　55
個別の教育支援計画　76,120
個別の指導計画　77,82

さ

酒井幸子　85
作業療法士　93
佐藤千瀬　53
サポートファイル　120
3歳児検診　34,110
自己肯定感　1,40
静かな問題行動　102
児童発達支援　87
　──センター　86
児童福祉法　47
自閉症　37
自閉スペクトラム症　37
社会的障壁　20
弱視　22
就学支援シート　120
就学時健康診断　113
重症心身障害　44
生涯学習　69
障害児保育事業実施要綱　60
障害者基本法　117,124
障害者権利条約　124
障害者差別解消法　124

障害者総合支援法　47,130
障害所通所支援　86
障害の受容　96
衝動性　39
神経多様性　21
人工内耳　27
信頼感　1
心理士　93
スモールステップ　32,90
生活機能　19
生活のしづらさ　20
セルフヘルプグループ　102
ソーシャル・インクルージョン　70

た

高木憲次　59
高松鶴吉　59,94
多動性　39
田中康夫　85
田村正徳　47
段階説　96
チームアプローチ　93
チーム力　30
知的発達障害　31
知的発達スクリーニング検査　114
チャイルド・ライフ・スペシャリスト（CLS）　45
注意欠陥・多動性障害　38
注意欠如・多動症　38
通級による指導　115
定型発達症候群　21
ディスクレシア　40
伝音難聴　25
統合保育　61
特性　42
特定非営利活動法人　130
特別支援学級　115
特別支援学校　115
特別支援教育　125
　──コーディネーター　116
特別支援保育　68

特別なニーズ教育　65
共遊玩具　71
共に育ち合う保育　14
共に育つ　137
ドローター（Drotar, D.）　96

な
中田洋二郎　97
喃語　34
難聴　25
西村辨作　102
二分脊椎　28
日本語指導が必要な児童生徒　52
乳幼児健診　110
ニリエ（Nirie, B.）　65
認定こども園教育・保育要領　1
認定こども園こども要録　120
脳性まひ　28
ノーマライゼーション　65

は
発達支援　94
発達相談　91
場面緘黙　36
バリアフリー　20
バンク-ミケルセン　65
日暮トモ子　53
PDCAサイクル　83
病弱教育　43
広川律子　102
藤井和枝　102
不注意　39
ブルーナー（Bruna, D.）　69
ブレア（Blair, A.）　70
分離保育　58
保育所児童保育要録　120
保育所等訪問支援　87
保育所保育指針　137
放課後児童支援員　133
放課後等デイサービス　87
保健師　93, 111
母子保健法　110
ホスピタル・プレイ・スペシャリスト（HPS）　45
本郷一夫　51

ま
マイヤー（Meyer, D. J.）　102
学び方の違い　41
慢性的悲哀説　96

未学習　24
盲　22
守巧　50
森俊之　80

や
ユニバーサルデザイン　20
幼稚園教育要領　118, 137
幼稚園幼児指導要録　120
幼保連携型認定こども園教育・保育要領　137
余暇生活　132
読み書き障害　40

ら
螺旋形モデル　97
ラングラン（Lengrand, P.）　69
リトミック　47
療育　59, 94
聾　25

わ
ワーキングメモリー　32, 40
渡邉健治　80, 81

【著者一覧】（五十音順，＊は編者）

上田敏丈（うえだ・はるとも）
名古屋市立大学大学院人間文化研究科教授
担当：第5章第2節

小柳津和博（おやいづ・かずひろ）
桜花学園大学保育学部准教授
担当：第1章第2～4節，第3章第1～2節

勝浦眞仁（かつうら・まひと）＊
同志社女子大学現代社会学部准教授
担当：はじめに，第1章第1節，第6～9節（第7節は共著），第2章第1～2節，第6章第1節，終章（共著）

和仁正子（かづに・まさこ）
ひきえ子ども園副園長
担当：序章，終章（共著）

熊田広樹（くまた・ひろき）
旭川大学短期大学部幼児教育学科教授
担当：第1章第5節，第3章第3節，第5章第1節

佐藤貴虎（さとう・たかとら）
旭川大学短期大学部幼児教育学科教授
担当：第1章第7節（共著），第2章第3節

山崎徳子（やまさき・のりこ）
常磐会学園大学国際こども教育学部教授
担当：第4章，第6章第2節

特別の支援を必要とする子どもの理解

共に育つ保育を目指して

―――――――――――――――――――――――――――

| 2018年11月10日 | 初版第1刷発行 | 定価はカヴァーに |
| 2024年4月20日 | 初版第4刷発行 | 表示してあります |

編 者 勝浦眞仁
発行者 中西 良
発行所 株式会社ナカニシヤ出版
〒606-8161 京都市左京区一乗寺木ノ本町15番地
Telephone 075-723-0111
Facsimile 075-723-0095
Website http://www.nakanishiya.co.jp/
Email iihon-ippai@nakanishiya.co.jp
郵便振替 01030-0-13128

―――――――――――――――――――――――――――

装幀＝白沢 正／印刷・製本＝亜細亜印刷株式会社
Printed in Japan.
Copyright © 2018 by M. Katsuura
ISBN978-4-7795-1324-4

◎本書のコピー，スキャン，デジタル化等の無断複製は著作権法上での例外を除き禁じられています。本書を代行業者等の第三者に依頼してスキャンやデジタル化することはたとえ個人や家庭内の利用であっても著作権法上認められておりません。